LE FAUBOURG
Sᵀ-GERMAIN.

TOME PREMIER.

GÉRARD DE STOLBERG.

L'étude sur les mœurs du faubourg Saint-Germain sera divisée en trois parties :

La 1re s'appelle **GÉRARD DE STOLBERG**, 2 vol. in-18;
La 2e, **MADAME LA DUCHESSE**, 2 vol. in-18;
La 3e, **MADEMOISELLE DE VERDUN**, 2 vol. in-18.

LE FAUBOURG
Sᵀ-GERMAIN

PAR

M. LE COMTE HORACE DE VIEL CASTEL.

Tome Premier.

Bruxelles.
MELINE, CANS ET COMPAGNIE.
LIBRAIRIE, IMPRIMERIE ET FONDERIE.

1857

INTRODUCTION.

L'heure était venue !

A MONSIEUR ÉDOUARD DE ****.

Je viens remplir ma promesse, mon cher Édouard, je viens vous parler de notre faubourg Saint-Germain ; vous l'exigez impérieusement, et votre curiosité provinciale, dites-vous, est avide de connaître ce monde, qui vous apparaît de loin comme une sorte de terre promise dont les portes vous sont interdites. Ne vous plaignez point, croyez-moi, des liens qui vous attachent à votre bonne et joyeuse province; ne regrettez pas les brillants salons, que votre imagination embellit de toute sa poésie; et ne maudissez jamais votre *captivité* dans ce vieux château, dont je me rappellerai toujours la douce hospitalité. Vous avez autour de vous ce qui fait la vie pleine et heureuse; vous n'êtes point un être isolé, incomplet, qui puisse disparaître sans laisser ni regrets ni vide; toute une famille est en vous; toute une province tient à vous; enfin, vous êtes le but de cent affections, dont votre existence marchera, jusqu'à la fin, entourée, et qui garderont votre mémoire.

Vous souvient-il encore de nos longues promenades sous vos belles allées de tilleuls, et de nos interminables conversations sur le bonheur de la vie calme et séquestrée, que n'atteint jamais la lassitude? Vos journées sont fructueuses pour vous et pour votre famille, vos nuits pleines de repos; vous avez le calme du passé et de l'avenir; ne cherchez pas à les échanger contre les jouissances pénibles de notre vie de Paris.

Ne prenez point comme réelle, et sans mélange de dures contrariétés et de désenchantements profonds, cette sorte d'enivrement du *monde* que je vous montrai quand vous m'attaquâtes sur les enchaînements irrésistibles qui me liaient à Paris. J'ai, comme un avocat chaleureux, défendu ma cause par tous les moyens qui se présentaient à mon esprit, sans en constater toujours la justesse avant de les faire valoir. Puis il faut bien ajouter, j'ai vanté ma servitude parce que je ne pouvais la rompre. Ceux qui ont habité Paris, c'est-à-dire ceux qui ont vécu dans l'étourdissement varié de la société parisienne, ne peuvent l'abandonner pour une vie plus calme, plus intérieure, plus intime. Ils sont comme les mangeurs d'opium de la Turquie, mourants, et se voyant mourir du poison dont ils se grisent, mais qui cependant ne se sentent aucune volonté de revenir à des aliments plus sains, dont leur estomac est déshabitué. Nous épuisons ici en deux heures la sensation qui vous ferait vivre une année. Vous comptez toutes les minutes de vos journées, et c'est à peine si nous en comptons les heures. Nous vivons presque tous par la tête, et vous vivez par les jouissances du cœur; nous en sommes arrivés à ne priser que le résumé des choses, tandis que ce résumé n'est pour vous qu'une conséquence. Reste donc à décider laquelle vaut mieux de nos deux parts.

L'existence du grand monde est une fatigue que fait adopter l'amour-propre; c'est encore une surexcitation nerveuse, et tout à fait maladive, à laquelle il faut s'être habitué presque dès l'enfance pour pouvoir la supporter; si le repos du corps existe rarement pour vous, le repos de l'esprit n'existe jamais pour nous. Dans ce siècle d'invention et de perfectionnement, nous avons fait de la civilisation et du progrès deux destructeurs rétrospectifs, fauchant tout derrière eux, et marchant en avant d'un tel pas, que la fatigue nous prend à les suivre vers un but qu'ils ne doivent point apercevoir. Aussi ne posons-nous rien, n'établissons-nous rien, et ne livrerons-nous rien à ceux qui viendront après nous. Nous avons loué nos années d'existence *en garni*, et le jour du déménagement arrivé, si ce n'est un peu plus d'usure à des meubles qui déjà n'étaient pas neufs, ne laisserons-nous rien de notre passage. La société du XIXe siècle a des nuances, et pas une couleur réelle; les nombreuses révolutions qui se sont succédé depuis cinquante ans ont chacune déposé un peu de leur limon sur le terrain végétal; mais la végétation en a plutôt été tuée que fertilisée; le monde présente un mélange de tout, et rien de complet; c'est enfin un véritable chaos de matières usées d'où ne peut sortir aucune création. Le monde moral se fait *désert* comme l'Égypte; les sables commencent à tout obstruer.

Cette terrible et dernière maladie des peuples qui meurent vieux et usés gagnera quelque jour votre bonne province, mon cher cousin; vous serez envahis, saisis et fauchés à votre tour; mais puisque vous n'êtes pas encore atteint par notre fléau, ne venez point à sa rencontre; vous avez des richesses dont vous méconnaissez la valeur, et nos faux semblants vous abusent. Comptons donc ces richesses, et nous viendrons ensuite à nos faux semblants, brillants et revêtus de quelque éclat, j'en conviens, mais que vous prisez trop, je le crains, au-dessus de leur valeur.

Les écrivains, qui jusqu'ici se sont occupés du monde, ont étrangement abusé de leur facilité d'imagination; aucun d'eux ne l'a vu de près, aucun ne s'est donné la peine de peindre d'après nature, ils se sont tous tenus à distance.

Aujourd'hui vous entrerez avec moi dans la réalité, et si cette réalité n'est pas toujours telle que vous l'espériez, ma véracité ne saurait en être accusée; je vous dirai le bien et le mal sans partialité, sans enthousiasme, tels qu'ils me sont apparus pendant le cours de mes observations; songez seulement combien nos deux points de vue diffèrent; et consentez à voir par ma lorgnette ces détails d'un tout, dont l'emsemble a seul jeté son nom jusqu'à vous.

Vous vivez, mon cher cousin, dans le château de votre père; vous recommencez toutes les années usées par vos devanciers; chacun de vos pas est marqué dans votre vie, chaque bruit excité par vous réveille un écho déjà frappé; votre venue dans ce bas monde était attendue et désirée bien avant votre naissance ; vous aviez dès lors un nom chéri et vénéré par tous, et des affections héréditaires vous préparaient une longue suite d'heureux jours dans une société héréditaire aussi ; les fils des amis de votre père devaient être les vôtres ; enfin, tous les liens de votre existence sont nés avec vous, ont grandi avec vous, et ne vous ont plus abandonné. Les lieux qui virent votre enfance voient votre âge mûr, et verront votre mort. Vous comptez pour amis de cœur tous les voisins dont vous êtes entouré, et pour amis de souvenirs les châteaux, les bois, les prairies, les montagnes que vous nommez votre paysage, que vous apercevez à votre horizon. Les meubles de votre belle et simple demeure ne sauraient vous être indifférents, ils sont pour vous la chronique du passé, la peinture généalogique, toute couverte des noms de vos aïeux.

Ne reposez-vous pas vos fatigues dans le vieux fauteuil de votre père ; le meuble de votre salon n'est-il point le long et laborieux travail de votre mère ? chaque point de l'antique tapisserie qui le recouvre est pour votre mémoire un aide puissant, au moyen duquel vous vous rappelez les heures de votre enfance, alors que, tout jeune garçon, vous interrompiez les travaux d'aiguille de mon excellente tante, pour dormir sur ses genoux chacun de vos sommeils.

Vous êtes bien riche, mon cher cousin; vos trésors sont innombrables.

Pendant vos longues soirées d'hiver, vous posez sur la pierre de votre foyer vos deux pieds, qui cherchent la chaleur, dans le creux imprimé par les pieds de votre père. Le lit qui protége votre repos, les courtines qui vous enferment sous leurs plis épais, virent les joies du mariage de votre père, celles de votre naissance, et ne connurent de larmes qu'aux jours funèbres marqués en noir dans votre famille. Qu'avez-vous encore que je puisse citer? vous avez ce qui nous manque à nous tous, habitants de la ville; vous avez ce grand christ d'ivoire, jauni par le temps, usé par les mains de la prière, dernier confident de ceux qui vivent chers et sacrés dans votre mémoire. Ce christ garde pour vos consolations le baiser d'adieu de tant de saints morts; par-dessus tout cela vous avez la foi, vous avez l'espérance, et la charité reste assise à votre porte; sublime enseigne, qui n'a jamais été démentie!

Le peuple de nos campagnes sait votre nom, et le respecte; pour lui, vous demeurez toujours le représentant de cette noble famille, que ses pères et grands-pères ont connue et vénérée, il vous regarde comme le juge, le patriarche, le roi de la contrée.

Dans les châteaux qui vous environnent, vous aimez depuis longtemps les époux de vos filles, les femmes de vos fils, et ces nouvelles familles, dont la vôtre doit s'augmenter un jour. Dites maintenant si tout cela n'est pas le bonheur, dites maintenant si tout cela ne remplit pas bien une vie. Qu'avons-nous de semblable dans notre faubourg Saint-Germain; la maison que nous habitons nous garde-t-elle un souvenir, nous rappelle-t-elle quelque chose du passé? Non, nous y sommes entrés par bail, nous en sortirons le jour où il finira; nos meubles se sont renouvelés quatre ou cinq fois depuis notre enfance; le brocanteur a dans sa boutique le lit de mort de notre père; le berceau de nos premiers jours est échu à quelque domestique qui l'a vendu sans regrets. Rien de ce qui nous entoure n'est héréditaire; nul souvenir ne nous garde de l'oubli; nos voisins nous connaissent à peine, et nous marchons isolés, égoïstes à notre tour, au milieu de l'égoïsme universel. Le faubourg Saint-Germain n'a qu'une valeur d'intelligence inutile, valeur funeste, dont l'emploi démoralisateur a parfois pesé rudement dans la balance politique. Le faubourg Saint-Germain, c'est le *monde*, le grand monde, la haute société, dont dérivent toutes les autres, sur lesquelles toutes les autres sociétés cherchent à se modeler. Les souvenirs et les traditions de toutes nos belles époques sont là; des masses de gloire ont fondé ces noms illustres, dont ceux qui les portent peuvent être fiers.

J'aime d'un triste amour le faubourg Saint-Germain, mon cher Édouard, malgré sa funeste influence, malgré tous ses défauts, sa viduité, son égoïsme; et souvent, des hauteurs voisines de Paris, je contemple, avec une pénible émotion, ses noirs hôtels. Mon esprit alors se laisse aller à rêver, à revenir vers les temps écoulés, pour les mettre en comparaison avec le présent.

Ce qu'a été jadis le faubourg Saint-Germain, qui le racontera? c'était la France, c'était la noblesse levant sa bannière à côté de l'oriflamme, jetant son cri de bataille, quand retentissait dans les airs le fameux *Montjoye Saint-Denis;* c'était l'armée des barons de France partant pour la croisade; c'était enfin cette haute et puissante féodalité, presque sœur de la royauté. Puis vient la cour, quand la féodalité, vaincue par les échafauds de Louis XI et du cardinal de Richelieu, s'éteignit sous Louis XIII; ce fut la cour de Louis XIV, cour brillante, brave, spirituelle, toute brodée d'or, tout étincelante; rayon lumineux du soleil du grand roi! Avec la monarchie disparut la cour; 93 eut des échafauds pour toutes deux. Les tourmentes révolutionnaires cessèrent, mais la féodalité, la noblesse, la cour, avaient disparu; tout cela, toute cette gloire, tout ce brillant, cet éclat, ce qui avait été la France, se qualifiait du nom d'un faubourg de capitale, d'un faubourg de Paris.

La haute aristocratie française comprit mal les devoirs de sa décadence. Elle devait abandonner les villes, sa puissance eût encore été immense comme grande propriété; mais elle préféra se coucher, indolente et peu soucieuse de ses antécédents, aux pieds de l'ennemi qui l'avait vaincue. La voilà close aujourd'hui entre les noires murailles de Paris, contenue en quelques rues, habitant des hôtels rétrécis, au lieu de ces grands et beaux châteaux qui, silencieux et déserts, la pleurent encore sur les bords de nos fleuves, dans nos forêts et sur nos montagnes.

Lorsque je pense à ces magnifiques et tristes destinées, la noble fierté de certaines familles, dernier souvenir religieux de traditions illustres, me semble généreuse. Cette noble fierté n'a point la ridicule bouffonnerie que lui prêtent nos caricaturistes actuels; loin de là, elle se distingue par quelque chose de simple et de digne, qui semble dire : Ce que mon nom m'impose de réserve, je le dois encore plus à mon pays qu'à moi-même, car ce nom appartient à l'histoire, il est sur les monuments de toutes nos époques glorieuses, il est à toutes les pages de notre chronique.

L'histoire du faubourg Saint-Germain est noble dans le passé ; mais le présent offre de tristes réalités sur lesquelles il faut frapper, qu'il faut pour ainsi dire flétrir ; maladies honteuses de notre époque étrangement civilisée, besoins nés du séjour des villes, de l'ambition, du désir de briller, et surtout du désir de jouer un rôle.

Le faubourg Saint-Germain n'a d'existence à Paris que l'hiver ; il se constitue seulement alors. L'été le voit répandu par toute l'Europe, voyageant pour tuer le temps, ne se posant nulle part, dispersé comme le vieux peuple juif, et, comme lui, n'ayant de patrie sur aucun rivage, il cherche à s'étourdir ; il veut oublier son isolement. Quelques mois, par les beaux soleils du printemps et de l'été, il réveille du bruit de ses pas, les échos des châteaux de ses pères ; semblable à l'homme rassasié des folies d'une nuit de fête, il cherche à reposer ses fatigues loin du mouvement et de l'excitation qu'il ira bientôt retrouver. Il amasse en un long été les forces morales et les moyens physiques, qui le mettront à même de jouer pendant l'hiver son rôle brillant et sans utilité. Précieusement il garde les souvenirs du passé, mais il n'en fait naître aucun, qu'il puisse joindre un jour à son riche trésor.

Ce qu'il pourrait est immense, ce qu'il exécute n'est rien.

Que résultera-t-il en dernier lieu, qu'adviendra-t-il de cet état de choses ?

Les peuples, comme l'homme et comme tout ce qui est créé, masse ou individualité, ont leurs différents âges, qu'ils accomplissent entiers pour obéir à l'ordre naturel qui les créa, ou qu'ils abrègent par la volonté de leur libre arbitre. Les uns meurent de vieillesse avec leur civilisation épuisée, les autres succombent en des maladies sociales, produites par les convulsives agitations d'une force qui s'égare, d'une séve puissante détournée de sa direction naturelle. Le peuple, qui disparaît après avoir rempli sa tâche de progrès, sa mission dans l'œuvre divine des siècles, est comme ces vieillards pleins de jours qui meurent heureux au milieu de leur famille. Ce n'est point un sentiment de tristesse que fait naître leur mort, le concert de prières et d'adieux qui les entoure a quelque chose de consolant pour celui qui part, son travail fini, et pour ceux qui restent instruits par son exemple, avec leur labeur à accomplir. Les peuples vieillards s'éteignent donc au milieu de leurs enfants, au milieu d'autres peuples qu'ils ont créés, au milieu d'autres civilisations nées de la leur, empruntées à la leur ; les monuments de leur jeunesse restent honorés chez ceux qui leur succèdent, et de leur grand héritage, dix nations quelquefois meublent leur jeune état social qui se constitue.

Il n'en est ainsi, ni des jeunes hommes surpris par la mort, ni des peuples arrêtés dans leur vie morale et politique, et disparus du milieu des nations avant d'y avoir construit la pyramide qui devait leur servir de sépulture. Un vif et amer sentiment de tristesse saisit le cœur, si l'on s'arrête un instant à contempler ces deux sortes de cadavres, couchés pour toujours dans la poussière, avec leurs secrets de force, leurs puissances inconnues, et leur génie arrêté dans son développement, aucune famille, aucun peuple ne les nomme leur père, aucune civilisation n'est fille de la leur.

La moisson a été fauchée avant les soleils d'été; le blé n'a donné aucun grain, ou, si l'épi commençait à se former, le grain impuissant est demeuré privé de force reproductive.

D'autres peuples, d'autres civilisations ressemblent encore à ces hommes incapables d'accomplir leur vie jusqu'à la fin, et qui recourent au suicide, fatigués ou dégoûtés de la tâche qu'ils avaient à remplir.

Le peuple suicide est celui qui secoue toutes les croyances, qui rompt tous les liens dont l'expérience des siècles, véritable sagesse des nations, l'avait entouré. Le peuple suicide se fait avant le temps une vieillesse caduque, infirme et désenchantée. Il se prétend régénéré, parce qu'il a détruit tout ce qui l'avait accompagné jusque-là, parce que la foi morte en lui est appelée préjugé, et parce qu'enfin, ne croyant plus aux lois divines, il ne peut plus croire aux lois humaines.

Inquiet de ne plus sentir en lui cette force que Dieu accorde à ceux qui restent sous son obéissance, et ne voulant pas avouer sa faute, il marche sans avancer, et se heurte à tous les crimes. Puis, après des années de fatigue sans nom, de révolutions sans effets, de troubles sans repos, il meurt dans des déchirements effroyables, et la place où il tombe est presque sur les limites de la barbarie, vers laquelle il a reculé en croyant progresser.

De tous les spectacles que présente l'histoire, celui d'un peuple suicide est sans contredit le plus affligeant. C'est en vain que les voix de la sagesse se feraient entendre, les flots d'un peuple qui court de lui-même au précipice, sont semblables à ces flots des torrents de montagne, roulant vers la mer avec des bruits terribles, dont toute parole humaine, quelque haute qu'elle puisse être, se trouve couverte.

Cependant, il faut le dire, l'idée du suicide n'existe pas, comme pensée d'immolation, chez les peuples suicides; c'est insensiblement, c'est comme entraînés par une étrange fascination, qu'ils arrivent enfin au crime irrémissible; c'est en sortant des chemins tracés par la sagesse suprême, c'est en abandonnant peu à peu les lois de Dieu, qu'ils finissent par se trouver face à face avec la mort, qu'ils n'attendaient pas.

L'humanité a deux progrès, l'un vrai, l'autre faux; le vrai progrès est plutôt l'œuvre du temps que l'œuvre des hommes; le faux progrès est seulement l'œuvre des hommes; aussi Dieu permit-il les fruits du premier, parce qu'il le conduit; car le temps, c'est lui, tandis qu'il frappe de stérilité et d'impuissance le second, pour lequel son aide n'a point été invoquée.

Le vrai progrès, le seul qui mérite ce nom, s'avance lentement, s'étayant chaque année d'une nouvelle force, amassant la moralité des faits accomplis, pour les faits qui restent à accomplir; jamais il ne franchit, il marche; jamais il ne tourne un obstacle; quelque rude difficulté que cet obstacle apporte à son voyage, il la surmonte. Le vrai progrès ne se presse pas, il sait qui le conduit; mais il ne recule jamais. Il s'avance avec ses croyances qu'il épure et ne meurt point avec les peuples progressifs, arrivés à leur vieillesse; il se transmet aux fils de ces peuples, toujours grandissant, toujours civilisant, jusqu'à l'accomplissement total des jours.

Le faux progrès est l'œuvre des peuples suicides; c'est une prétendue et prématurée sagesse, privée de science divine, comme d'expérience humaine; c'est, en un mot, une œuvre athée, avec le secours de laquelle l'homme croit pouvoir devancer le temps assigné par Dieu même à sa marche. Le faux progrès vieillit sans s'instruire; il marche au hasard, détruisant derrière lui le chemin par lequel il s'est avancé; il ne perfectionne jamais, il essaye toujours; pour toute croyance, il croit en lui; son but est la puissance, son moyen la destruction; car, pour édifier, il ne comprend pas qu'il puisse être nécessaire de fondations; la pierre apportée hier, il la renie, il ne veut que celle de demain. Creusant partout des précipices, ici dans l'œuvre matérielle de l'humanité, là dans son œuvre morale, il ne permet pas aux peuples, dont il a faussé la sagesse, de s'arrêter;

forcément ils courent vers le précipice, qui est le véritable but du faux progrès; et c'est ainsi que le suicide est accompli.

Mais Dieu empêche cependant que le crime d'un peuple reste totalement inutile dans sa magnifique création; semblable à ces ruines des anciens temps, que les pluies et les vents viennent féconder, et sur lesquelles la vie semble sortir du sein même de la mort, les peuples suicides, quand ils tombent, laissent la science de leurs fautes et de leurs erreurs à ceux qui viennent labourer les champs qu'ils ont négligés. Leur chute est un phare dont sont éclairés les précipices qui les virent s'engloutir, et leur tombeau atteste qu'ils ont vécu.

L'homme qui marche avec la foi pour soutien dans son cœur est un homme qui trouvera des consolations pour toutes ses peines, de la force pour toute sa route, de l'espérance pour tout son avenir.

Le peuple qui grandit sous la loi du Seigneur, et dont la parole ignore le blasphème, ce peuple-là marquera son passage dans tous les siècles, et restera grand et honoré.

Le peuple qui patiemment a fini son travail, labourant, creusant et repassant chaque sillon par un rude labeur, ne craignant pas la fatigue, sans vouloir presser la moisson, sans hâte de récolter le fruit qu'il a semé, mais attendant le mois des soleils, ce peuple-là sera un peuple utile et vénéré.

Celui qui désertera la foi, la tradition de ses pères, qui méprisera la sagesse et l'expérience des vieux jours, qui rejettera, comme fardeau inutile, le travail pénible et lent des siècles passés, pour tenter des voies nouvelles, un progrès sans antécédents, qui voudra, en un mot, créer son avenir en désertant son passé, celui-là sera un peuple suicide, et nous tendons à devenir ce peuple-là.

Et le faubourg Saint-Germain, fraction de la société française, résistance nécessaire, concourt à précipiter vers le suicide la société qui s'avance derrière et autour de lui. Le faubourg Saint-Germain, atteint de la grande maladie du XIXe siècle, l'égoïsme, s'est retiré du mouvement qu'il croit ainsi éviter; il redoute la lutte, il s'enferme, il attend des jours meilleurs, il laisse ses forces s'énerver, sa puissance intellectuelle s'affaiblir; le faubourg Saint-Germain, mon cher Édouard, s'est fait *salon* ; ce n'est plus qu'une admirable coquette, dépensant en inutiles causeries l'intelligence que réclame le siècle qui toujours va marchant.

Le *faubourg Saint-Germain* s'est enfermé dans Paris, comme dans un immense tombeau; et si quelque voyageur, arrivant des bords lointains, demandait *qu'est devenue la haute aristocratie, que sont devenues ces familles historiques de l'ancienne France, où sont les débris de la chevalerie la plus noble au monde ?* on lui répondrait, en lui désignant les tours de Saint-Sulpice et le dôme des Invalides, la noblesse, la chevalerie, la cour, l'aristocratie de toutes les grandes époques de notre histoire; tout cela se nomme aujourd'hui *faubourg Saint-Germain*, et fait partie du dixième arrondissement.

Voilà, mon pauvre Édouard, ce qu'a été et ce qu'est devenu le faubourg Saint-Germain; ne l'enviez pas, plaignez-le, ne venez jamais vous mêler à ses fêtes, prendre rang parmi ses élus; restez, croyez-moi, dans votre vieux château;

portez glorieusement, vous et vos amis, le titre de noblesse de province. Si vous êtes désireux pendant vos soirées d'hiver de faire connaissance avec notre vie intime, d'arriver à toucher de plus près nos infirmités, ouvrez alors ce livre que je vous envoie, il contient une peinture fidèle de la haute société. Je me suis essayé sur un des sujets les moins vastes du cadre que je voudrais remplir pour vous complaire ; si vous trouvez quelque intérêt à mes deux volumes, je vous en enverrai peut-être bientôt deux autres.

Adieu, mon cher cousin ; évitez tout ce qui pourrait établir des rapports entre vous et le faubourg Saint-Germain ; contemplez-le du haut des tourelles de votre château, et saluez-le de loin, comme on salue un roi détrôné ; laissez-le débattre son agonie dans les murs de la ville aux cent mille corruptions.

Saluez, mon cher Édouard.

C'est le Bas-Empire, dont passe le convoi.

Saluez.

C'est Sardanapale sur son bûcher de mort.

Puis vivez de vos souvenirs et de votre préseut; vivez heureux de tous les bonheurs qui vous entourent, et ne nous enviez jamais.

Comte HORACE DE VIEL CASTEL.

Paris, 2 mai 1837.

Portrait.

Censuræ patet.
Symbola Pol. Didaci Saavedræ.

I.

Vers le commencement de l'année 1827, un jeune homme, d'une famille distinguée de la Westphalie, vint se fixer à Paris, pour s'y livrer à des recherches historiques, que les bibliothèques de cette ville pouvaient seules lui faciliter. Ce n'était point un de ces étudiants, dont les universités germaniques fournissent tant de modèles, profondément *illuminés*, portant en leur cœur une soif ardente d'indépendance, et se ruant en martyrs irréfléchis vers l'impossible application des belles théories républicaines rêvées sur les bancs de l'école; ce n'était non plus un sauvage écolier, un rude apprenti des philosophies mystiques de la vieille ou de la nouvelle Allemagne; rien en lui ne dénotait l'enthousiaste passionné d'une incertaine nationalité; il n'affectait point en parlant le grave accent de son pays, sa prononciation française était presque pure, et ses manières ne se faisaient remarquer par aucun air d'étrangeté, qui pût donner à découvrir sa récente présentation dans la société parisienne.

Quand il fut question de l'introduire dans le faubourg Saint-Germain, en vain lui cherchat-on un titre diplomatique, comme valeur de passe-port, il n'en avait point; nulle chancellerie de la confédération germanique ne le reconnut, même comme attaché, il n'avait été recommandé à aucun ambassadeur, nulle clef de chambellan ne décorait la taille de son habit. Quant à sa fortune, elle devait être médiocre, pour ne rien dire de plus, si l'on en jugeait par son train modeste, par ses dépenses restreintes, et le peu de luxe de sa toilette. On le voyait rarement aux spectacles, et jamais au bois de Boulogne; sa journée se passait aux bibliothèques, ses soirées dans le grand monde, où il se tenait, causant peu et presque immobile, dans une sorte d'observation souvent étonnée.

Ainsi qu'il advient à tous les nouveaux venus,

la curiosité s'attacha d'abord à sa personne ; soit distraction futile, soit tout autre motif, la société, qui l'avait adopté, s'enquit de sa naissance, de sa fortune, de sa position, puis, une fois cette première curiosité satisfaite, bien ou mal, il lui fut permis de demeurer inobservé et solitaire; il lui fut loisible de se caser, comme il l'entendrait, dans la haute société, dans la bonne compagnie du noble faubourg; trois renseignements pris sur son compte l'y avaient fait accueillir, lui avaient ouvert les portes des salons les plus difficiles. Et ces trois renseignements, les voici posés en manière de question :

Quelle était sa naissance ?

Bonne; son père se nommait le baron de Stolberg; sa mère, élevée au chapitre de Maubeuge, pouvait réclamer comme parentes les meilleures familles de France.

Avait-il de la religion ? et laquelle ?

Les dimanches avaient répondu pour lui ; on le voyait, ces jours-là, constamment adossé au même pilier, entendre avec recueillement une des messes basses de l'église Saint-Thomas-d'Aquin.

Quelle était son opinion politique ?

Le faubourg Saint-Germain put la croire excellente, sur la foi de quelques mots qu'il avait placés avec assez de convenance et de fermeté dans une discussion à propos de la guerre d'Espagne.

Ces trois questions fondamentales, ainsi résolues à son avantage, Gérard de Stolberg jouit tout à son aise de l'adoption qui venait d'être faite de lui par le faubourg Saint-Germain, et des avantages qu'elle comportait ; personne ne lui demanda compte de sa fortune, personne ne fouilla dans sa vie passée, ne chercha à pénétrer dans ses espérances futures. Son nom et ses opinions répondirent à tout. Les maisons qui recevaient s'ouvrirent pour lui, et bientôt il y fut reçu comme une ancienne connaissance, avec cette urbanité parfaite, cette attention pleine de bon goût, délicate et sans affectation, véritable apanage de la haute société parisienne.

Le faubourg Saint-Germain a conservé de son ancien lustre, de son ancien éclat, de cette royauté sociale à lui reconnue par toute l'Europe pendant la fin du XVIIe et le commencement du XVIIIe siècle, une admirable hospitalité, une politesse gracieuse et bienséante, qui le distinguent aujourd'hui entre toutes les autres sociétés. Peut-être pourrait-on reprocher un peu de banalité à ces qualités extérieures, peut-être pourrait-on, en les anatomisant avec soin, les trouver sans âme. Tout cela est fort possible, que ce soit de l'égoïsme ou de la véritable bonté qui serve de base à cette hospitalité et à cette politesse, il n'importe; à qui ne veut point toucher du doigt, une admirable décoration de l'Opéra, ou un véritable palais, produisent la même illusion.

Gérard de Stolberg se trouvait oppressé sous le poids d'une timidité et d'un embarras pleins d'amour-propre, décorés du nom de sage réserve, qui fit honneur à son éducation et à la sagesse de ses vingt ans. Le fait est que, doué d'une sagacité précoce, il s'était aperçu que l'action la plus importante de la vie d'un homme du monde, le moment critique qui doit décider de son avenir, est celui qui permet de le juger moralement par ses faits ou par ses paroles. C'est pourquoi, intimidé et embarrassé d'un début si important, son amour-propre, habile conseiller en cette circonstance, lui persuada d'attendre et d'examiner, de réfléchir et de calculer avant d'arriver à se revêtir d'une physionomie quelconque, avant d'éditer, soit une conversation, soit une observation, soit même une pensée, la plus simple possible. Puis il faut le dire, il ne se trouvait pas encore à la hauteur de ce bavardage spirituel et plein de toutes sortes de sciences et de savoir, dont se compose la causerie du grand monde ; il lui manquait cette légèreté si difficile à acquérir, cette rapidité et cette mobilité de pensées, qui permettent en une demi-heure de jeter tant de variété dans la conversation la plus impromptu. Le besoin d'analyse ou de réflexion le laissait de bien loin en arrière quand il voulait suivre une causerie, dont le début lui avait présenté quelque attrait. Alors il lui arrivait de se retirer en lui-même, il cherchait à se rendre compte du but, de l'intérêt, des motifs. Il se repliait, si l'on peut s'exprimer ainsi, sur ses propres idées, s'affermissait dans une conviction nourrie de volontés puissantes, rouvrait les yeux, se préparait à combattre ou à approuver, mais, comme une cadence perdue, fugitivement jetée par des doigts inattentifs sur le clavier d'un piano, la conservation, qui l'occupait encore, était déjà bien loin, personne n'y songeait plus; d'autres idées, mises sur le métier, trouvaient les mêmes interlocuteurs activement occupés à les broder, à les commenter.

Une causerie dans la haute société parisienne est une étrange et singulière chose, un prodigieux travail d'improvisation, quelque chef-d'œuvre dans le genre d'un bout-rimé, que chacun cherche à remplir en subordonnant presque toujours le sens à la rime.

On ne saurait dire quand ou comment une conversation a commencé, quel premier mot, quel premier semblant d'idée a ouvert la porte au dictionnaire de mots et d'idées sans ordre qui les a suivis, il serait impossible de découvrir si ce qui se dit aujourd'hui est neuf ou renouvelé, si c'est une suite d'hier ou tout simplement hier habillé d'un costume différent, relié d'une couverture de velours, qui dissimule mal cependant le maroquin de la veille. A Paris, chaque société a sa causerie toute charpentée, non-seulement pour une année, mais quelquefois pour toute une époque. C'est comme une énorme meule de grès sur laquelle chacun, suivant la bonté de son acier, se passe, se repasse, s'aiguise, devient ou plat, ou tranchant, ou pointu, et la conversation finit, non quand le grès est épuisé, mais quand tous les aciers amincis ne peuvent plus lui prêter le flanc ou la pointe.

Il ne faudrait pas croire, d'après ce qui vient d'être dit, rencontrer de la monotonie dans ces assauts de *parlage*, la monotonie est pour ainsi dire inconnue dans le grand monde; les mêmes personnages causeront des mêmes choses, remueront les mêmes idées presque avec les mêmes paroles, et ces retours perpétuels vers le même point n'auront rien d'uniforme.

Ce phénomène ne peut être mieux expliqué qu'en le comparant à celui du *kaléidoscope*, qui, par la puissance de vingt pierres, de deux glaces et d'un morceau de verre dépoli; variera à millions les ornements contenus dans son cercle étroit, sans jamais les répéter.

Gérard eut beaucoup à apprendre et beaucoup à oublier avant de parvenir au degré de science sociale, qui lui permit de paraître sans trop de désavantage dans la lice ouverte à ses prétentions ou à son esprit. Dès son arrivée, du premier jour de sa présentation, il discerna avec bonheur ce qui lui manquait et ce qu'il fallait du moins extérieurement réformer en lui; il s'y appliqua de toute l'ardeur de sa volonté, et jusqu'à l'heure fortunée qu'il s'y vit parvenu, il se tint dans ce silence prudent, observateur et de bon goût, comme le nommaient les arbitres du monde, qui ne contribua pas peu à le classer parmi les jeunes gens bien élevés. Tout homme qui à son premier début dans la bonne compagnie fait marcher devant lui, comme une sorte de valet de chambre chargé de l'annoncer, ses prétentions ou son esprit, frappera à faux, et se créera des inimitiés jalouses acharnées poliment à sa perte, à moins qu'il n'ait en lui la véritable conscience d'une valeur et d'une supériorité incontestables. Il ne se trouve jamais de place vacante dans une société, toutes sont remplies, et les titulaires, par un pacte secret de conservation, sont ligués entre eux contre tout nouveau venu qui tenterait un *détrônement* de prime abord. On n'est pas réputé homme d'esprit, ou homme aimable seulement, parce qu'on a de l'esprit ou de l'amabilité ; deux qualités préparatoires doivent être obtenues comme *baccalauréat* avant de revêtir l'hermine de ce *doctorat*. Soyez donc réputé homme de bon goût et de bonne compagnie, puis il vous sera permis de vous glisser sur le siége à votre convenance.

Mais être homme de bon goût, c'est posséder en soi une harmonie bien arrondie de toutes choses, de toutes pensées, de toute instruction, c'est avoir travaillé sa nature primitive avec le polissoir de la bonne compagnie, c'est encore avoir greffé la ressemblance de toutes les volontés sur la sienne, s'être effacé pour devenir puissant en comptant dans la légion puissante. Un *homme de bon goût* ne froisse, ne heurte, ne choque personne ; il marche moralement et physiquement, avec l'expression de figure la plus gaie du monde, entre deux rangées de baïonnettes fort resserrées, que son adresse doit lui apprendre à éviter. Sa plus grande prétention doit être de ne pas paraître en avoir ; son attention principale, de savoir et d'ignorer. Il faut que l'homme de bon goût tienne constamment prêt un jugement formulable à première réquisition sur les moindres futilités, ce sera une encyclopédie, non philosophique, non discuteuse, peu savante, mais prodigieusement bourrée de mots et de définitions suivant le besoin de chacun.

L'homme de bonne compagnie est le superlatif de l'homme de bon goût ; celui-là peut hasarder certaines choses, affecter quelque spontanéité, mais avec des formules obligées, des mots sans valeur, autre part que dans la bonne compagnie, grammaire dont se différencie toute une société avec une merveilleuse importance.

Heureusement, ou malheureusement, Gérard de Stolberg put bien revêtir à force d'études les faux semblants admirablement imités d'homme de bon goût et de bonne compagnie ; mais il conserva en lui, il garda ce que lui avait donné une vie plus artiste que mondaine. Il ne détruisit pas par sa nouvelle éducation la chaleur de son imagination, la verdeur de sa jeunesse et la spontanéité vigoureuse de sa pensée ; son nouveau caractère fut comme un domino dont il revêtit l'homme véritable pour marcher au milieu des enivrements du grand bal masqué dans lequel il entrait. Des deux rôles dont il avait été fait par la nature et par sa volonté le chef d'emploi, il s'opéra en lui un singulier mélange, une précieuse fusion, qui lui valurent peu à peu une réputation d'originalité élégante ; le jeune homme, inconnu et inobservé, obtint quelque attention ; enfin, il sortit de la foule par une porte dangereuse, il est vrai, mais il sortit de la foule, et cela presque sans le vouloir, habileté sans calcul, dont il ne se douta que longtemps après.

Arrivé à ce point de puissance, Gérard fut admis dans le cercle recherché de certaines conversations intimes ; le monde et sa science se déroulèrent devant lui : alors sa réserve et sa froide taciturnité lui revinrent, non plus par timidité et par amour-propre, comme aux premiers jours de son impatronisation, mais par réflexion et par prudence. Il ne repoussa aucune avance, mais il n'en fit jamais ; il se laissait prendre et ne se donnait pas ; enfin, il eut l'art de se conserver *lui*, tout en s'habillant à la mode. Mais ce *lui*, qu'il conservait si bien sous des vêtements d'emprunt, sous cet étrange harnais dont il sentait souvent le poids, avait-il une valeur réelle, appartenait-il à ces créations précieuses divinement douées, à ces natures fortes et énergiques, capables de grandes choses, ou seulement rêveuses de grandes choses? Gérard était vif et prompt dans sa pensée; il pouvait concevoir fortement, mais presque jamais il n'exécutait ce qu'il avait conçu. Le vraiment beau, le vraiment noble, enflammait son enthousiasme, excitait son envie d'élévation; mais, soit indolence, manque de forces morales ou de courage, ou soit encore mobilité d'esprit, il ne gravissait jamais que la moitié des collines qu'il lui aurait fallu surmonter pour parvenir. Il savait beaucoup et savait mal, c'est-à-dire ce qu'il savait se trouvait mal classé, jeté pêle-mêle dans sa tête, comme les armes sur le pont d'un vaisseau au moment de l'abordage; et, dans le fait, il avait plus calculé, en s'instruisant, l'avantage extérieur de la science que son profit intérieur. Aussi sa conversation, quand parfois il se laissait entraîner par elle, emportait d'un seul jet toutes les épargnes de ses veilles, et se montrait plus riche que le fonds d'où il la tirait. L'abondance et la variété de ses expressions, bourrées de néologismes, lui étaient pardonnées en faveur de son origine étrangère, et ne servaient pas peu à donner de la valeur à ce qu'il disait. Un homme du monde pouvait le croire légèrement entaché de *savantisme*; un savant l'aurait tout bonnement considéré comme une variété dans l'espèce *homme du monde.*

Cependant il aurait pu sortir quelque chose de ce chaos, de cette cohue sans ordre qui se pressait, se heurtait et se froissait dans sa tête. La moindre flamme pouvait mettre le feu à tout le salpêtre encore sommeillant de cette jeune organisation, secouer cette paresse et cette indolence produites par le manque d'un but, et réveiller un homme dans ces éléments engourdis.

Mais Gérard n'avait que vingt ans; jusqu'alors aucune passion n'était venue remuer son cœur, donner de la vie à ses facultés; il attendait et craignait le moment d'aimer, le redoutait en l'appelant, et sentait au fond de son âme que ce moment devait amener un grand changement en lui, et décider peut-être par son influence de toute sa vie future. Il ne s'était jusqu'à ce jour attelé au char triomphateur d'aucune beauté en réputation, aucune avance coquette ne lui avait été faite, soit qu'il n'eût point encore été jugé digne de cette attention particulière, qu'une femme du monde n'accorde qu'à des titres bien reconnus et bien établis, soit que son extérieur ne présentât rien qui fût propre à le faire distinguer de la foule.

Gérard de Stolberg était plutôt grand que

petit; sa taille, ni roide ni empruntée, ne manquait pas d'élégance. Cependant, habituellement il se tenait mal, laissant ses épaules ramenées en avant, comme par une fatigue involontaire, imprimer une légère courbure à tout son corps. Cette attitude, qui ne provenait point chez lui de la faiblesse, mais de l'abandon, devait être attribuée à une préoccupation intérieure de sa pensée, à une absorption de la coquetterie par un sentiment intérieur d'une coquetterie plus relevée, procédant de l'esprit. Les traits de Gérard n'offraient aucun des caractères de la physionomie allemande. On ne pouvait dire qu'il fût beau, mais la désharmonie même de ses traits présentait un ensemble curieux à analyser, et plus attachant que ne l'eût été la régularité monotone d'une belle figure.

Des cheveux châtains retombaient soyeusement en mèches, libres de l'esclavage de tout fer, du haut de son grand front largement développé; vers les premières apparences d'une barbe rare encore; ses sourcils prononcés étaient plus bruns que ses cheveux et que sa barbe, presque blonde. La délicatesse de son teint eût pu être enviée par une femme; sa peau avait des tons bleuâtres tranparents, qui dénotaient, soit une organisation faible, soit une excessive impressionnabilité. Ses joues se coloraient seulement alors qu'il parlait ; cessait-il de parler, sans devenir pâles, elles perdaient leur éclat momentané.

L'expression habituelle de la figure de Gérard, plutôt soucieuse que gaie, accusait une précocité triste de réflexions; le regard de ses grands yeux, fortement recouverts, se montrait tout à la fois doux et pénétrant ; sa fixité seule leur imprimait en certains moments un air de rudesse âpre que l'on ne savait à quoi attribuer. Comme tous les penseurs et les observateurs, pour regarder autour de lui, Gérard ne tournait point sa tête d'une épaule à l'autre ; ses yeux, par un mouvement lent et circulaire, avaient pour ainsi dire la singulière faculté de jeter l'intelligence de leur vue presque derrière lui. Il était de ces gens qui, placés au milieu d'un salon, invinciblement garrottés par une conversation qu'ils ne peuvent poliment interrompre, subissent leur ennui avec une attentive distraction, et voient, sans changer de place, tout ce qui les intéresse autour d'eux.

Un nez grand et large était la partie la plus reprochable de toute cette figure ; sa forme, cependant, n'était point commune, et la moindre émotion ressentie par le cœur, la moindre secousse de l'âme, agitaient d'une mobilité expressive les deux narines qui semblaient alors vouloir aspirer plus d'air que les poumons n'en auraient pu contenir ; ces indices extérieurs devaient prêter une physionomie terrible à la colère brûlante et impétueuse de Gérard. Mais la générosité répandue sur ses lèvres, franchement développées, rassurait contre les effets passagers de cette colère, premier et irrésistible entraînement d'un sang bouillant et d'une âme ardente. La coupe du visage présentait un ovale un peu effilé vers les mâchoires, tandis que le développement extraordinaire de la partie postérieure de la tête et de ses faces latérales indiquait pour l'avenir des passions vives et impétueuses, encore endormies, comme l'annonçait l'harmonie suave d'un visage exempt de fatigues. Ses mains blanches et allongées, coquettement soumises à des soins d'une excessive recherche, marquaient, d'une façon incontestable, et l'aristocratie de sa race, et celle de son existence.

Une femme de beaucoup d'esprit, que l'expérience de quarante années passées dans le tourbillon du grand monde avait rendue prodigieusement perspicace en ses jugements, la duchesse de Chalux, arbitre de l'opinion à émettre sur les nouveaux venus, et leur destinée probable au faubourg Saint-Germain, une de ces femmes enfin qui font ou détruisent tout un avenir, disait, en parlant de Gérard de Stolberg, qu'elle recevait chez elle et rencontrait partout : Ce jeune Allemand n'arrivera jamais à conquérir le titre d'élégant ou d'homme à bonnes fortunes ; malgré sa politesse et son calme, je crois voir en lui trop de choses rudes et insurmontables que le temps rendra plus puissantes, et qui ne sauraient se plier à ces deux métiers ; mais je me trompe fort, ou quelque jour il sera le héros d'un véritable roman.

— Lui, madame la duchesse, répondit un grand et mince jeune homme, tout blond de regard et de chevelure, Séide dévoué du grand monde, jusqu'au point de mettre l'esprit qu'il possède en mignardises pour le rendre d'une valeur plus courante.

Lui, madame la duchesse, répéta-t-il ; mais c'est tout au plus un original sorti des eaux du Rhin, bien embarrassé, bien lourd, capable de comprendre le cœur d'une femme, comme je suis capable de parler bas-breton.

— Eh bien, monsieur de Belport, vous parlerez un jour bas-breton : Gérard de Stolberg n'a ni l'aisance admirable de vos manières, ni votre facilité de conter de jolis riens, ni..., que sais-je moi, tout ce qui fait de vous l'homme le plus recherché du faubourg Saint-Germain ; je ne l'ai même pas entendu causer philosophie avec cette profondeur de bonne compagnie qui rend intelligibles en vous écoutant les discussions les plus... profondes... j'avouerai même que si j'étais encore jeune, que je fusse coquette, et qu'il me vînt en l'esprit d'avoir un amant, je vous préférerais, je crois.

Tout ceci fut dit d'un air tant soit peu railleur, avec une expression de gaieté si maligne et si empreinte de sérieux, que M. de Belport, piqué dans son amour-propre, ne put s'empêcher de demander, tout en s'inclinant devant la causeuse de la duchesse de Chalux :

— Pourrais-je savoir, madame, le sujet de cette flatteuse préférence ?

— O mon Dieu oui, reprit la duchesse toujours avec la même accentuation; il ne vous passerait jamais par la tête d'arriver à l'état de passion, et, je vous l'avoue, les passions m'ont toute la vie fait peur ; on ne se tire pas comme on veut des serres d'un amant passionné, on y laisse tantôt un lambeau de son *soi* moral, tantôt la meilleure part de son existence physique ; de toutes façons, une passion, si elle ne vous tue pas, vous vieillit ; en un mot, tout cela est du dernier mauvais goût... Maintenant comprenez-vous pourquoi mon choix s'arrêterait sur vous, qui êtes réputé l'arbitre du bon goût.

— Parfaitement, murmura, de plus en plus piqué, M. de Belport.

— Gérard de Stolberg sera passionné, lui ; je ne sais quelle femme lui plaira, ni à quelle femme il plaira (et la duchesse de Chalux avait pris un air plus sérieux) ; mais son amour ne sera point un jeu, je vous le dis encore ! Tout cela vous étonne, parce que vous ne croyez jamais, vous qui êtes la bonne compagnie par excellence, qu'un héros de roman puisse se rencontrer parmi vous. Gérard de Stolberg...; mais, tenez, le voilà qui entre.

M. de Belport se leva, sortit sans croire à la prophétie de la duchesse, et ne put retenir un sourire en passant près du héros de *roman*.

M. de Belport n'avait jamais été de sa vie ni un héros de roman ni apprenti héros de roman.

Un bal.

> Vanitas vanitatum.
> Eccl.

II.

Gérard de Stolberg, assidu visiteur de l'hôtel de Blacourt, ne passait guère de semaine sans y rendre une ou deux visites; cet hôtel avait pour lui, dans ses réceptions hebdomadaires, un charme tout particulier : il y trouvait cet accueil gracieux et obligeant, haute politesse du savoir vivre, qui prête le charme de l'intimité aux relations habituelles du monde. Le comte et la comtesse de Blacourt étaient arrivés à cet âge où les jouissances de la vie ne peuvent plus se résumer en un bonheur isolé, ne peuvent plus se concentrer entre deux individus réunis par le mariage, quand aucun intérêt positif ne sert de lien, quand aucune famille ne force, comme occupation journalière, à plonger de toute la puissance de la volonté dans les supputations de l'avenir. Le comte et la comtesse de Blacourt jouissaient d'une belle fortune et n'avaient pas d'enfants. Toute leur vie s'était passée au milieu de la bonne compagnie; ils en avaient au plus haut point le ton, les manières, les habitudes, et possédaient la haute science du bon accueil et le goût de tenir *maison ouverte.*

Ils désiraient que l'on se plût chez eux, et ne négligeaient rien pour arriver à ce but. Jamais ils n'imaginaient ces grandes fêtes, bruyantes et brillantes cohues, qui ne sont plus un fardeau pour personne que le lendemain de leur avénement; mais dix fois par hiver on dansait à l'hôtel de Blacourt ; nulle invitation ne vous conviait ; c'était un jour ordinaire de réception; et ces bals, malgré leur peu de fracas, malgré l'humilité de leur quasi-improvisation, se trouvaient les plus recherchés, les plus gais et les mieux composés de tous ceux du faubourg Saint-Germain.

Les salons de la comtesse de Blacourt, grands et beaux, arrangés avec goût, ne contenaient jamais plus de deux cents personnes aux jours des plus nombreuses réceptions ; mais parmi ces deux cents personnes comptaient les plus jolies et les plus élégantes des jeunes femmes, les jeunes gens les plus à la mode; puis encore tout ce qu'il y avait de spirituel et de distingué dans ce faubourg d'élection. La diplomatie étrangère trouvait chez la comtesse de Blacourt à faire son inévitable whist, ce qui fournissait à certains *profonds* politiques inédits la possibilité glorieuse de se tenir *muets et debout*, abîmés dans la contemplation du jeu de tel ou tel ambassadeur, en manière d'*attaché* bénévole, et de publier le lendemain qu'ils avaient passé la soirée avec l'ambassadeur de... ou celui de... et que, par conséquent, etc., etc., etc. Enfin, les soirées de l'hôtel de Blacourt offraient réunis tous les genres d'attraits auxquels le monde se laisse prendre.

Le mois de mars amenait pour ainsi dire la fin des plaisirs de l'hiver, Paris entrait dans son repos d'été ; encore un ou deux mois, et la poussière et l'ennui allaient y régner en maîtres absolus. La comtesse de Blacourt annonça sa dernière soirée dansante; alors, et comme par un dernier et brillant effort, toutes les fatigues secouèrent leur lassitude, pour dire l'adieu du *revoir* aux fêtes et aux plaisirs que l'on espérait retrouver l'année d'après. Le jour, ou plutôt la nuit consacrée à cet épilogue d'un carnaval prolongé, le bruit des voitures commença vers onze heures à réveiller les sourds échos des pavés de la rue de Bourbon; bientôt après les domestiques, surchargés de manteaux et de pelisses, encombrèrent les vestibules et les antichambres, et les cochers s'endormirent sur les siéges de leurs voitures, symétriquement alignées en deux files parallèles. L'orchestre chantait dans les salons ses premiers appels, les quadrilles se formaient, les toilettes brillaient encore de tout l'éclat de leur fraîcheur, de tout l'art de leur gracieux arrangement, Gérard de Stolberg arriva, salua silencieusement, suivant le règlement cérémonial en vigueur, la maîtresse de la maison, condamnée entre deux portes à l'épouvantable lassitude de tout voir et de tout prévoir, et fut se placer au milieu d'un groupe de ces *non danseurs,* qui ne prisent dans un bal que le plaisir de l'observation.

Il faut un gros volume pour raconter un bal, le définir, l'analyser, le juger. Pour les femmes mariées, un bal est simplement un assaut de coquetteries intérieures, extérieures, morales, physiques, intellectuelles ou inintellectuelles; pour les jeunes personnes, un bal est une heure de liberté jetée, inconcevable exception, au milieu de toute la retraite de leur vie habituelle. N'est-il pas curieux, en effet, de voir le jour d'un bal quelle somme d'indépendance est mise à la disposition d'une jeune fille, et quelle livrée elle revêt, comme insigne de sa liberté? Jusqu'à l'heure de la danse, jusqu'à l'instant où l'on entend les archets bruyamment gémir sur leurs violons, les clarinettes s'emplir d'une souffle joyeux, et les basses commencer leur sourd accompagnement, une jeune fille reste immobile et silencieuse sous le patronage de sa mère ; personne ne l'aborde et ne cause avec elle ; ses compagnes seules lui font part bien bas, bien *piano*, de quelque observation rieuse provoquée par une toilette ridicule, une tournure extraordinaire, ou l'apparition de quelque étranger. Les épaules de la jeune fille sont cachées par une écharpe ; son regard se lève rarement ; en un mot, elle semble être l'ombre du mouvement de sa mère. Elle est soumise, elle est esclave ; sa mère règne.

Les premiers bruits d'orchestre font à peine mouvoir et séparer les groupes de jeunes hommes ; l'empire de la mère est fini, elle a régné. A son tour elle se tait, s'enferme en elle-même, et devient personnage de la tapisserie vivante de haute lisse, dont il faut que les murailles d'une salle de bal soient revêtues. Voyez alors la jeune fille, et reconnaissez, si vous le pouvez, l'esclave timide que vous contempliez il y a quelques minutes; ses mouvements sont devenus libres et coquets, sa tête et son regard se relèvent, sa voix perd son doux murmure, et ne craint plus de se faire entendre; d'un geste d'épaules elle parle à sa mère, et sa mère comprend ce geste d'épaules. L'écharpe qui les couvrait est enlevée, la jeune fille est fière de la pureté de leurs contours, de leur éclatante blancheur; elle devine l'attrait puissant de toutes ses grâces, l'empire qu'elles doivent exercer. Mais ce n'est pas tout; personne n'avait le droit de parler à la jeune fille placée sous l'œil vigilant de sa mère; personne, près de sa mère, n'avait le droit de s'asseoir à ses côtés et de causer avec elle comme on cause devant une mère; l'orchestre, par la puissance de sa musique, change féeriquement toutes ces convenances.

Un jeune homme arrive, s'incline légèrement, murmure quelques paroles qui veulent dire: Voulez-vous quitter votre place et venir avec moi vous mêler à ces quadrilles? La jeune fille, par sa propre volonté, accepte ou refuse; si elle accepte, le jeune homme prend sa main dans la sienne, l'entraîne, et, dans les repos d'une contredanse ou d'une valse, lui parle seul à seule, et la reprend dans ses bras pour valser ou pour danser, et s'arrête encore et lui parle de nouveau, jusqu'au moment où l'orchestre taisant ses musiques, le règne de la jeune fille demeure un instant suspendu pour recommencer bientôt après.

Ceci est consacré par l'habitude, il n'y a rien dans toute cette liberté qui effarouche les sagesses les plus positives, et cependant,... mais ce volume n'est point un épitome moral des conséquences d'un bal.

Gérard de Stolberg n'était point encore initié aux mille secrets de la chronique intime du grand monde, il ne connaissait que très-superficiellement cette société dans laquelle il vivait; aussi consacra-t-il sa soirée à recueillir les enseignements que purent lui fournir les causeries indiscrètes des hommes qui l'entouraient. Toute sa personne devint oreille ou mémoire, tant il comprit combien il lui importait d'être écolier studieux sur les bancs de cette nouvelle école, pour l'avancement de sa science et de sa connaissance du grand monde. Retiré dans l'embrasure d'une fenêtre, il apprit en cette soirée ce que des mois d'investigation n'auraient pu lui faire connaître. Les bavardages d'un bal sont plus indiscrets que les confidences d'une réunion de femmes inoccupées. Il semblerait que le bruit d'un orchestre dût, de toute nécessité, arracher à chacun son piquant couplet de vaudeville, assaisonné par la malice d'un trait mordant; nul des assistants d'un bal, soit auditeur, soit causeur, ne se croit le droit d'affecter quelque indulgence, et le plus docte en méchanceté y passera toujours pour le plus spirituel.

— Comment, disait le vicomte de Montdragé, la duchesse de Rivesalte arrive seule ce soir; qu'a-t-elle fait de son inévitable d'Ormilly, ce bel écrin de velours gaufré à fers froids, dans lequel elle enferme toutes les parures de sa coquetterie? Et le vicomte de Montdragé désignait, en parlant ainsi, une grande et mince jeune femme, qui, glissant plutôt que marchant, adressait aux autres femmes un léger salut gracieux et modeste, et répondait aux regards des hommes par des regards brillants et voilés, pleins de coquetterie et d'attaque.

— Parbleu! répondit un élégant personnage, placé près du vicomte de Montdragé, ne vois-tu pas d'Ormilly rangé derrière la duchesse en manière de porte-queue, et cachant sous les longues boucles de sa longue chevelure, et sous son paravent de moustaches, la fatuité modeste de sa bonne fortune. On le nomme actuellement le quatrième chapitre des mémoires de la duchesse. La petite marquise d'Alberas en crève de dépit; mais ce qu'il y a de plaisant, c'est qu'elle n'a pris ce pauvre de Vendre comme amant, que pour passer sur lui toute sa mauvaise humeur. Regarde-le affiché contre cette cheminée; si la marquise ne le quitte par quelque bonne infidélité, il deviendra stupide.

— Serait-il jaloux? demanda un tout échevelé jeune homme, ébouriffé de négligence de la tête aux pieds, et le sourire moqueur dont il accompagna cette question voulait dire : Je ne comprends pas la jalousie, je n'ai jamais le temps d'être jaloux.

— S'il est jaloux! C'est la jalousie incarnée, seconde édition, revue, corrigée et considérablement augmentée; jaloux comme ce malheureux Gressigny, qui sèche de cette ridicule torture.

— Gressigny, lui aussi; mais c'est une mode; décidément il faudra que je devienne jaloux à mon tour, ce sera plaisant. Et le jeune homme ébouriffé, dandinant la tête, plongeant de toute la lucidité de son lorgnon dans les moindres coins du salon, passa en revue chaque toilette de femme, chaque expression de figure, puis il reprit : Gressigny jaloux! mais alors c'est pour entretenir en lui cette maladie, qu'il s'est incliné plein d'admiration devant la nullité affichante de madame de Pontmartin.

— Voici la délicieuse duchesse de Bellefiori, c'est un joli mystère en robe de bal; cette belle duchesse a trop d'esprit pour permettre qu'on parle d'elle, il y a trop d'agréments dans sa société pour que nous nous laissions aller à une méchanceté, voire même à une médisance.

— On dirait, monsieur de Beauval, que vous en êtes épris.

— Nullement, mon audace ne va pas jusque-là.

— Mais c'est vraiment le jour des duchesses, le bal des duchesses. Connaissez-vous Ninon de l'Enclos? tenez, la voilà ressuscitée en manière de duchesse.

— Il y a déjà longtemps qu'elle est séduisante, votre duchesse, je la comparerais plutôt à Circé...

Ici un petit frémissement de rire interrompit cette conversation, qui, bientôt après, reprit de plus belle, folle, médisante, parfois calomnieuse, variée, étourdissante, lice à tout interlocuteur, bavardage à toutes paroles. Chaque nouvel arrivant donnait lieu à une notice critique et biographique, à laquelle l'indulgence avait peu de part.

La marquise de Salamandre occupa plus que

toutes les autres femmes, et sa biographie fut plus enjolivée que pas une de celles qui eussent encore été éditées par l'académie des gants jaunes et des souliers de bal. La marquise de Salamandre, disait l'un, mais c'est un prodige, elle sait tout, comprend tout, entend tout; c'est une merveille, une vraie sorcière ; quel langoureux regard, comme il va pêchant habilement toutes les adorations !

—Oui, répondait l'autre, mais elle ne s'adresse qu'en hauts lieux. J'ai vu un ministre ramasser les fleurs tombées de son bouquet, et toute la diplomatie attentivement amoureuse à ses paroles, si nonchalamment coquettes. Croiriez-vous que, par je ne sais quel prodige d'état civil, elle se prétend plus jeune que ses sœurs cadettes !

Gérard de Stolberg écoutait dans un muet étonnement ces diatribes amères si follement énoncées en plein bal, son cœur s'indignait de la facilité avec laquelle de telles atteintes se trouvaient portées à l'honneur des femmes que ne flétrissait aucun acte patent d'immoralité. Quoi, se disait-il en lui-même, est-ce là cette société vantée par son ton si parfait, par ses manières distinguées? Me voici dans la maison de gens d'honneur, conviant d'autres gens d'honneur aux divertissements de leurs soirées;

partout du luxe, de la musique, des fleurs, des figures joyeuses; partout un air de contentement et de gaieté sur toutes les physionomies; le bal tournoie avec la **rapidité de l'enivrement**, et du milieu de ces groupes s'élèvent des paroles flétrissantes. Puis il retournait en sa pensée l'effrayante étourderie des jeunes gens qui l'entouraient, faisait un appel à ses souvenirs, cherchait en sa mémoire si quelque fait venu à sa connaissance, bien prouvé, bien positif, justifiait quelques-unes des imputations qu'il avait entendues. Son esprit se perdait en une telle étude.

Une seule femme, ajoutait-il à part lui, une seule est pour moi ici, au milieu de toutes les autres, un mensonge vivant, une révoltante disparate, une seule femme échauffe mon indignation; si je la contemple là, devant moi, ardente au plaisir, avec son feint enjouement d'enfant, avec sa naïveté, fausse décoration qui me révolte, il me vient malgré moi du mépris, et du mépris profond pour elle. Mais celle-là je la connais, je sais par cœur ses rouéries, l'immoralité cachée sous ses dehors fallacieux, les amants trompés que réclament ses sens et non son cœur. Eh bien, cette femme, personne ici n'en dit rien, personne n'a d'insulte pour elle; loin de là, des compliments sur la beauté de sa chevelure, sur les charmes de sa personne. Ah! je commence à comprendre, tous ces jeunes gens espèrent, et nul ne veut frapper l'idole qu'il devra adorer à son tour.

Un bal peut être beau à voir; mais certes il est plus curieux à écouter; le monde s'y apprend, s'y déroule, s'y montre à nu. Non, pensait Gérard, je n'accrocherai jamais mon cœur aux séduisantes amorces de ces femmes qui m'éblouissent; innocentes ou coupables, chacun se croit le droit de les insulter, et je ne veux pas qu'un seul mot puisse être dit sur celle à qui je confierai mon avenir; je ne veux pas que sa coquetterie, quand il n'y aurait que de la coquetterie, serve de prétexte à des calomnies. Je sens un besoin d'amour verser en moi l'ombre de son inquiétude; de poignantes émotions m'agitent quand je retombe de tous mes désirs dans la solitude de ma jeunesse; malgré moi je voudrais m'élancer au-devant de la chimère vingt fois rêvée qui tourmente mes songes; mais jamais je ne verserai les richesses de mon amour aux pieds de toutes ces femmes. Il m'en faut une solitaire, inconnue, non visitée par l'envie ou la médisance; que celle-là se présente, et je lui donne ma vie.

Gérard avait déjà sa croyance, mais il n'avait point encore trouvé son Dieu. Il se sentait plein de forces et d'exaltation que ne trahissait pas son extérieur ; il brûlait d'amour, et ne savait qui aimer. Singulière situation, commune à tous les jeunes hommes qui voient s'ouvrir pour eux les portes du monde. Gérard songeait à un amour pur à force de dévouement, profond à ne jamais pouvoir sortir du cœur dans lequel il entrerait. Il était admirable d'une sainte ignorance qui n'éclairait qu'à demi l'expérience qu'il cherchait à acquérir dans le silence de l'attention, dans le recueillement de l'examen. D'ailleurs Gérard n'avait point été élevé à Paris, nul collége n'avait fermé sur lui ses portes de fer. M. de Stolberg, son père, s'était complu à l'instruire, et la tournure de son esprit, la pente de ses idées, mirent en lui les chaudes sensations de l'artiste, sans lui ravir l'extérieur et les formes de l'homme du monde.

La conversation qu'il venait d'entendre le plongeait dans une série de réflexions amères et décourageantes. Jusqu'à ce jour, son imagination, par une pensée poétique pleine de jeunesse, lui avait divinisé la position des femmes dans le monde ; ses regards ne s'étaient levés sur elles qu'avec une sorte d'adoration respectueuse, et si son cœur avait battu en leur présence, une timidité, provenant du respect, l'empêcha toujours de le révéler à aucune. Au milieu de ce bal, Gérard reçut une nouvelle lumière; il lui semblait entendre bourdonner à ses oreilles les sévères paroles de saint Remy au fier Sicambre, courbé sous l'eau du baptême. L'idole qu'il vénérait encore quelques minutes avant sa venue à l'hôtel de Blacourt, il la voyait maintenant renversée de son piédestal, souillée, couverte de poussière, privée de sa grandeur et de toutes ses gloires. S'il se fût trouvé seul, il eût pleuré sur la perte de ses illusions, il eût pleuré sur le vide qu'elles laissaient dans son cœur en s'envolant pour jamais.

Hélas! dit-il avec amertume, c'est donc ainsi que le monde fane de ses maudits soleils les créations les plus pures! Ces jeunes femmes ont été filles pieuses, elles ont été épouses tendres ou attentives, peut-être sont-elles mères. Ici elles ne sont plus rien de tout cela. Ici elles n'ont plus ni parents, ni maris, ni enfants. Ce salon leur est un théâtre, dont elles pressent du pied, avec orgueil, les planches élastiques. Elles viennent y jouer un rôle, elles viennent y parader pour le public qui les attend, elles veulent, elles exigent des hommages, elles emploient toutes les ressources de leur coquetterie pour les conquérir. Ces femmes sont de chastes ou d'impudiques courtisanes; mais, à coup sûr, ce sont des courtisanes, car nulle d'entre elles n'est innocente, nulle d'entre elles n'est vierge de ces regards adressés aux hommes et qui les font tressaillir. Et, celles-là même qui n'abandonnent à la foule les derniers lambeaux de leur vertu, ne voudraient point écrire sur la porte de leurs salons la fameuse devise que Dante lut jadis sur les portes de l'enfer. S'il est au monde un homme qui ait attaché sa croyance à l'amour d'une de ces femmes, cet homme est trompé; car le regard, qui semble promettre même ce qu'il ne voudra jamais accorder, est un regard infidèle, et ce regard, que vous, vous, hommes du monde, vous pouvez nommer innocent, moi je le nommerai déloyal.

Gérard de Stolberg était encore trop jeune, trop peu initié, malgré la ténacité de ses observations, aux habitudes, aux mœurs de cette société, héritière sous bénéfice d'hypocrisie de la société du XVIIIe siècle, pour demeurer impassible aux désenchantements qu'il rencontrait en avançant dans ses sentiers, et c'était pour lui un affreux désenchantement que cette prostitution morale des femmes, livrées aux médisances ou aux calomnies publiques, et livrées à cette prostitution par le consentement de leur propre volonté.

En effet, examinez une femme présidant aux apprêts de sa toilette avant de partir pour le bal; que veut-elle, que cherche-t-elle, et qu'ira-t-elle demander aux foules du monde? Examinez-la, scrutant toutes ses coquetteries, et les interrogeant, et se consultant elle-même sur le secret de leurs séductions, découvrant sa poitrine, ses épaules, écourtant sa robe, mettant à nu ses bras ronds et déliés, qu'une sainte pudeur devrait l'engager à cacher, parce que leur étreinte renferme de puissants mystères de volupté; elle prête à sa bouche un sourire enivrant, à ses yeux de molles langueurs ou de vifs scintillements; enfin, elle abdique, peut-être sans y songer, tout ce qu'elle a de moral et d'intellectuel, pour parler aux sens, et seulement aux sens, pour être belle, adorée, courtisée pendant les quelques heures d'un bal; maintenant pourra-t-on dire qu'il y ait lâcheté à ces hommes qui leur jettent en passant le sarcasme de leur jugement, le mépris de leur opinion, ou la sévérité d'une vérité cruelle, ou l'innocente calomnie d'une interprétation trop conséquente? Non, tout cela est mérité, même la calomnie; toute femme qui jette au hasard son regard enivrant, puissante tempête dont elle soulève les passions des hommes, doit s'attendre à tout de l'opinion ou du bavardage des salons qu'elle croit traverser en reine.

De quel nom appeler cette fatale et stupide éducation, qui façonne quelques femmes à se jouer ainsi de tout ce qui devrait être sacré?

Ces pensées traversèrent l'esprit de Gérard de Stolberg, et c'est pourquoi il se disait, il se jurait en son âme : Si toutes les femmes du monde sont telles, mon cœur ne se prendra point à leur amour.

Toutes les femmes ne sont certes pas ainsi organisées; mais toutes sont plus ou moins attaquées par une funeste influence qui précipite la plupart d'entre elles dans les incalculables désordres d'un entraînement où le cœur n'entre pour rien. Deux puissants séducteurs marchent à leur côté, la *curiosité* et le *désir de l'inconnu*. Tous deux parlent leur mortel langage, et, s'appuyant tous deux, tous deux ils triomphent. Parmi les femmes qui prennent un amant, beaucoup n'ont jamais senti battre en leurs cœurs les pulsations brûlantes de l'amour. L'homme qu'elles étreignent de leurs bras n'a pas été choisi par la passion d'un profond, d'un invincible sentiment de l'âme; en un mot, elles ne l'aiment pas. Quoi donc leur fait déserter ainsi la foi conjugale, quoi donc les prostitue? car la prostituée est la femme qui se livre sans amour. Quoi donc les fait se soustraire aujourd'hui aux embrassements de leurs maris, qu'elles aimaient hier encore?

La curiosité et le désir de l'inconnu.

La curiosité est une séduction pleine de pouvoir, qu'un mot, qu'une action la plus simple du monde, peuvent faire naître. D'abord faible et timide, elle rampe, se traîne, prend des détours; puis, grandissant en silence, elle finit par régner en despote absolu. La curiosité jettera une femme dans les bras d'un homme, parce que cet homme aura quelque chose de mystérieux dans son existence, et que ce mystère renfermera un secret doux à surprendre; la curiosité livrera la plus pure des créatures aux désirs d'un libertin, parce que ce libertin possédera comme puissance fascinatrice le secret de vingt bonnes fortunes; la curiosité voudra savoir ce que cache une assurance sans bornes ou une timidité sans nom. Elle voudra encore connaître des infortunes, des misères et des chagrins, sonder de bizarres caractères. Mais la plus fatale de toutes, est celle qui s'empare de l'épouse, placée toute naïve et toute jeune en la couche d'un homme déjà mûr en ses années. Une pensée mordante assiége sans cesse son esprit, l'obsède, le mine, et ses efforts sont vains pour l'en chasser, cette pensée; son langage la traduit ainsi : Voilà donc le mariage ! mais l'amour et ses enivrements, dont l'idée inconnue me fait tressaillir, mais l'amour !... Et tous les jours, sans but, sans intention, sa rêverie lui rappellera ces mots, les rendra plus mordants. Enfin, une fois un homme se présentera ; la jeune épouse croira voir en lui la puissance d'amour qu'elle ignore, et, sans demander à son cœur s'il aime cet homme, elle se livrera pour connaître les secrets que le mariage ne lui aura point appris.

Le désir de l'inconnu ; c'est, hélas ! cette recherche infatigable et que rien ne peut satisfaire d'une perfection morale, variablement modelée dans quelques imaginations, et que l'amour espère contenter dans ses épreuves d'amour ; c'est l'espoir d'une satisfaction de cœur plus intime appartenant à un ordre de création plus relevé ; c'est une vague rêverie, l'idéalité d'un songe que l'on pense revêtir d'une forme, c'est le mieux cherché, avec espoir, hors de soi et de tout ce que l'on possède.

Eh bien, la curiosité et le désir de l'inconnu font toutes les coquettes et toutes les femmes flétries que renferme la société. Gérard de Stolberg était loin de posséder l'instruction qui eût pu lui révéler ces deux misérables plaies, part maudite d'Ève dans le péché originel ; mais il sentait croître en lui une défiance pénible et soucieuse, et son cœur s'affermissait à refuser son amour aux séductions des femmes de cette haute société, si longtemps l'objet de son admiration.

Pendant toutes ces méditations, les observations de ses voisins n'avaient pas cessé. Gérard se mit de nouveau à les écouter, pour se maintenir encore avec plus de fermeté dans ses résolutions. En ce moment entrait une jeune femme, qu'accompagnait un homme beaucoup plus âgé. — Voici les nouveaux mariés! s'écria le baron de Beauval. Comment le marquis de Lucheux a-t-il pu se décider à prendre femme?

— C'est toute une histoire, reprit le vicomte de Montdragé. Tirée un jour d'un couvent, placée dans le lit d'un homme qui aurait pu être son père, la pauvre marquise de Lucheux s'est vue... Gérard ne put entendre le reste de cette histoire; mais toute la nuit il fixa de son regard perçant la jeune marquise de Lucheux : et quand il sortit, à plus de quatre heures du matin, de l'hôtel de Blacourt, il se dit :

La fin de l'histoire de madame de Lucheux!... Je la saurai.

Les autographes.

Connoissez l'honneste homme humblement revestu,
Et discernez le vice imitant la vertu.
                    P. DE RONSARD.

III.

Le marquis de Lucheux pouvait compter quarante-sept années d'une vie entièrement écoulée sans soucis de fortune, sans ennuis, sans embarras de famille. C'était un homme dépourvu de finesse ou d'enjouement d'esprit. Orphelin dès sa jeunesse, sans proches parents, doué d'un caractère réfléchi dans la recherche du bien-être, passant chez lui, à la campagne, la majeure partie de son temps, on sera peu étonné d'apprendre que le marquis de Lucheux fût arrivé à un parfait degré d'égoïsme. Et cependant, il passait dans le monde pour un bon homme, doux et facile à vivre. Un grand abandon dans les manières, un sans-gêne rond et presque rude, sorte de merveilleuse dispense de politesse, que l'on s'obstinait à prendre pour la franchise campagnarde d'un bon gentilhomme de province, contribuèrent beaucoup à lui donner cette réputation.

Personne au monde ne pouvait le détourner de la ligne de son intérêt personnel; il la suivait invariablement, sans la moindre déviation. Ses idées étaient peu élevées, mais il les regardait comme les plus saines, les plus droites, les plus nobles qui se pussent imaginer, et tous ceux qui ne les adoptaient pas quand il voulait bien les communiquer, passaient à ses yeux pour des extravagants; si quelqu'un de ses amis éprouvait dans sa fortune, soit un dérangement, soit un malheur plus considérable, sa pitié se formulait invariablement par les mêmes expressions : Je l'avais bien dit, il n'a pas voulu me croire; s'il avait fait comme moi ! Et de ces trois observations il partait alors avec une faconde lourde et traînante, pour opposer, à la conduite de ceux qui venaient d'être atteints par le malheur, sa conduite, ses principes, et tout le fatras de lieux communs dont sa tête se trouvait remplie. Ce qu'il faisait était toujours, selon lui, ce qu'il y avait de mieux au monde.

Il aimait les gens qui l'amusaient, se montrait gai et bon compagnon avec eux ; mais si vous lui demandiez un service pour l'accomplissement duquel, ou son temps ou sa fortune eussent pu se trouver le plus légèrement compromis, il devenait triste, rêveur, se sentait malaise, puis enfin parvenait à vous faire comprendre, sans précisément refuser, l'impossibilité dans laquelle il se trouvait de vous obliger.

Le marquis de Lucheux était donc un égoïste dans toute la force du terme. Tous les gens du monde, cependant, faisaient son éloge ; ce n'était rien moins qu'un galant homme, sage, réfléchi, d'une conduite et d'une tenue parfaites. Il est bon de dire ici ce qui lui avait valu cette haute protection de l'opinion : né sans passions bien vives, avec une belle fortune, à la tête de laquelle il fut placé de bonne heure, le marquis de Lucheux n'avait jamais eu de dettes, jamais il n'avait entretenu d'actrices, jamais il n'avait été rencontré en partie de fine débauche avec d'autres jeunes gens ; une raison plus forte que toutes celles-là parlait encore en sa faveur : le marquis de Lucheux ne prêtait jamais son argent, il est vrai, mais aussi faut-il dire qu'il n'en empruntait jamais, et dans le monde l'homme, assez malheureux pour être obligé d'avoir recours à la bourse de ses amis, est un fléau peu supportable, un être dont on se gare, et sur lequel la calomnie et la médisance versent à flots les confidences perfides de leur acrimonie. Pour toute sa vie il devient un Paria chargé d'iniquités. C'est avec une sorte de protection humiliante qu'il est traité, et la pitié qu'on lui jette ressemble fort à du mépris; cent fois par jour son nom se verra entouré de ces terribles épithètes : *Ce pauvre diable de...*

Le marquis de Lucheux n'avait donc jamais emprunté, et par cette raison, plus puissante que toutes les autres, il jouissait de la meilleure réputation; ne demandez rien au monde, ne recevez de lui ni services ni secours, Dieu seul sait de combien de louanges il vous chargera.

On connaissait cependant au marquis de Lucheux une passion dont il se faisait une joie, un bonheur solitaire, une satisfaction dans laquelle le reste des humains n'entrait pour rien. L'objet de sa passion, il pouvait l'adorer à sa guise, l'enfermer sous les triples serrures de ses portes, le transporter de son château à la ville, et de la ville à son château, sans embarras, sans difficultés; jamais il n'avait à souffrir ni de ses volontés, ni de ses refus, ni de ses caprices. En un mot, le marquis était amateur d'autographes ; vivant heureux de l'espèce de petite réputation que lui attirait sa nombreuse collection d'écriture des hommes remarquables de tous les temps et de tous les pays. Dans ses jours de bonne humeur, il humanisait l'égoïsme de sa possession au profit de l'égoïsme de sa vanité, jusqu'à montrer à quelques connaisseurs les richesses de ses porte-feuilles. Mais jamais il n'eût consenti à laisser publier la lettre la plus insignifiante du héros le moins connu parmi *ses grands hommes.*

Il serait difficile d'expliquer maintenant par quel enchaînement de circonstances, par quelle série d'événements, un mois après le bal qui avait eu lieu à l'hôtel de Blacourt, Gérard de Stolberg se trouvait admis à l'insigne honneur de visiter la collection d'autographes du marquis de Lucheux. Cette visite avait-elle été amenée par un hasard *imprévu* ou par un *hasard longuement* cherché et difficilement trouvé ; aucun indice certain ne peut résoudre cette difficulté.

Les autographes se succédaient avec une riche rapidité devant les yeux de Gérard, et ses remarques approbatives, ses questions multipliées, décelaient non-seulement un homme instruit, mais encore un apprenti amateur plein de zèle. Le marquis de Lucheux éprouvait un véritable plaisir de vanité à professer devant un tel apprenti, à lui indiquer la *préciosité* de telle pièce, l'importance de telle signature écrite d'une certaine façon. — Voici, monsieur, lui disait-il, des lettres de Catherine de Médicis datées du fameux colloque de Poissy; faites attention, je vous en prie, à ces deux lacets de soie bleue enchaînés par ce cachet de cire, dont l'empreinte est un véritable talisman arabe. La bonne dame, quoique fort catholique, la suite l'a bien prouvé, croyait tant soit peu à l'astrologie. Cette pièce est fort rare, monsieur; la signature, écrite par un K, se trouve entourée d'une sorte de constellation magique.

Et cette lettre du cardinal de Richelieu, qu'en dites-vous, véritable lettre d'amour adressée à madame de Combalet, celle que l'on nommait la petite de Pontcourlay; est-il possible de rien lire de plus mignard et de plus coquet? Quel style! comme le grand homme s'humanise! La bibliothèque royale m'a offert dix lettres politiques du cardinal pour ce simple billet signé du seul nom d'Armand; vous devez comprendre pourquoi j'ai refusé.

Gérard ne comprit pas, mais il fit un profond geste d'approbation.

— Passez, passez, reprit le marquis; tout

ceci est fort commun, mais il ne faut point de lacunes dans une collection telle que la mienne..., autographes de Henri IV, Louis XIII et Louis XIV..., affaires politiques...; ces lettres sont peu rares. Voici qui l'est plus, lisez c'est du Louis XV, petit poulet sans conséquence, billet du matin à madame de Châteauroux, véritable bonjour de roi à sa maîtresse ; maintenant nous vous montrerons (et le marquis se rengorgea d'un air fier et superbe), la réponse sucrée, douce, pleine de *faveurs*, de la belle duchesse. Avouez, monsieur, que ceci est fort rare et fort précieux.

— Fort rare! répéta Gérard; mais comment...

— Oh! comment! je vous dirai cela tout à l'heure, monsieur; continuons. Deux mots de la main de Cartouche, un ordre signé Mandrin, dans ces deux cadres qui sont vis-à-vis l'un de l'autre, au-dessous du mandement du grand Bossuet. Ces rapprochements sont curieux, n'est-il pas vrai?

— Bosseut! monsieur le marquis; vous placez Bossuet au-dessous de Cartouche et de Mandrin!

— Je comprends votre étonnement. Bossuet, le plus grand de nos orateurs, vous semble mériter une autre place que celle qui lui est assignée dans ma collection. Cartouche et Mandrin sont de bien petits garçons à côté de lui, monsieur. Tout cela est certain. Mais, de mon côté, j'ai une raison sans réplique, une raison majeure, pour priser cent fois plus que le mandement de l'aigle de Meaux les deux sales autographes de Cartouche et de Mandrin. Je suis le seul amateur dont la collection puisse se vanter de posséder leur écriture, tandis que l'écriture de Bossuet, un autographe de ce grand homme, se rencontrera toujours et partout. Je donnerais deux autographes de Bossuet, quatre de Bourdaloue, et autant de ceux de Massillon, si l'on m'offrait en échange un mot, un seul mot de la main de Ravaillac.

Gérard demeura muet d'étonnement. Il ne comprenait plus du tout.

Le marquis de Lucheux reprit bientôt, avec toute l'éloquence d'un propriétaire orgueilleusement satisfait, qui fait parcourir pas à pas à son malheureux hôte les moindres détours des allées de son parc, l'arrêtant à chaque instant devant un nouveau point de vue savamment ménagé.

Une à une il lui sortit les innombrables paperasses que recélaient ses cartons. C'était avec un saint respect qu'il touchait certaines écritures, qu'il les expliquait, qu'il en démontrait la haute valeur, la rareté, l'*uniquité*. Cet homme, froid et égoïste, paraissait alors éprouver tout l'enthousiasme d'une véritable passion. Son visage s'était animé, ses yeux se montraient presque intelligents, les mots arrivaient à ses lèvres faciles et abondants; s'il eût pu un seul instant être spirituel, il l'eût été alors.

— Voici, monsieur de Stolberg, deux pièces de la main de Voltaire; l'une est tout simplement une lettre à son tailleur, mais elle est signée *Arouet*, Arouet, et rien de plus. L'autre est une lettre au roi de Prusse, elle est signée *de Voltaire*. Je ne connais que deux signatures d'*Arouet*, en comptant celle qui se trouve en ce moment sous vos yeux; des *de Voltaire*, il s'en rencontre par millier; moyennant quinze francs, vous pouvez vous en procurer à l'hôtel Bullion.

Cette mauvaise écriture sans orthographe est celle du maréchal de Richelieu. Ce petit billet très-précieux est adressé à mademoiselle de Valois, et daté de la Bastille.

Quant aux *modernes*, nous en possédons, Dieu merci, une riche collection; nous avons du *Buonaparte*, du Bonaparte et du Napoléon, c'est tout vous dire; nous avons une commande de vin du Rhin de la main de *Goëthe*; un mot de *Byron* à son domestique, pour lui recommander ses chiens; un compte arrêté par *Walter*

Scott, entre lui et son libraire ; une lettre ministérielle de *Châteaubriand*, pendant sa courte apparition aux affaires étrangères. Enfin, tous les *modernes*, les contemporains, se trouvent dans ces deux casiers. Tous deux, monsieur Gérard, sont une sorte de double salle d'attente destinée aux vivants. Vous ne sauriez croire avec quel bonheur j'arrache chaque jour une petite feuille à mes vivants, pour la faire passer aux morts. Nos grands hommes aujourd'hui écrivent beaucoup trop, en vérité ; leurs autographes n'ont aucune rareté : la mort seule commence à les rendre plus précieux. Nos poëtes se prostituent sur des *albums*, invention maudite, et nos hommes d'État griffonnent d'une manière effrayante. Je suis obligé bien souvent de détruire cent lettres d'un seul personnage pour rendre plus intéressante la seule de son écriture que je veuille conserver : cela m'est arrivé avec madame de Staël. Je n'ai voulu de madame de Genlis qu'une lettre de reproches adressée à un homme politique ; cette lettre est curieuse, à cause du *nom* qu'elle porte sur l'adresse ; car, du reste, madame de Genlis ne se cote pas en vente publique, son écriture traîne partout.

Enfin, cette collection que nous avons là devant nos yeux, cette collection que vous passez en revue, monsieur, je la puis nommer l'œuvre de ma vie tout entière; vous ne sauriez croire ce qu'il m'a fallu déployer d'habileté, de finesse, de ruses pour parvenir à la rendre ce qu'elle est aujourd'hui. Mes journées et mes nuits; oui, monsieur, mes nuits se sont consumées à ce travail. J'étais né avec l'amour, la passion de la collection; j'en avais la protubérance; aussi puis-je me vanter de n'avoir eu que cette idée depuis l'âge de raison; j'ai vécu pour mes autographes, et je me suis sacrifié pour eux.

— Puis-je savoir, monsieur, demanda Gérard d'un air d'étonnement, ce que vous entendez par cette phrase : *je me suis sacrifié pour eux ?*

Le marquis de Lucheux, à cette interrogation qu'il paraissait prévoir, tant il avait mis d'emphase à parler de son sacrifice, se redressa d'un air fier et important, gonflé de l'orgueil d'un prétendu martyr; puis il quitta la vaste table où se trouvaient étalés une bonne partie de ses *vivants*, et s'approchant de la cheminée, il prit un fauteuil, et par un geste plein d'une dignité comique, il fit signe à Gérard de s'asseoir. Ses traits réguliers et inexpressifs semblèrent s'animer de cette vanité égoïste qu'éprouve toute nullité à se faire valoir; ses yeux, ses joues, son menton, sa bouche même, qui n'avait point encore prononcé le fameux

Infandum, regina, jubes renovare dolorem ;

les rides de son front, les rides de son visage, le croisement magistral de ses jambes, et jusqu'à ses deux mains rapprochées, jointes, et pour ainsi dire attentives, semblaient commander le recueillement d'une audition non ordinaire. Il était facile de comprendre, en jugeant cette préface mimique, que la révélation qui allait avoir lieu se rattachait à l'acte le plus important de la vie du marquis, à l'acte constitutif de son existence ; aussi Gérard, par politesse d'abord, ensuite par un autre sentiment qu'il sera facile de concevoir, se montrat-il auditeur attentif et intéressé.

Enfin le marquis, prenant la parole, commença sa narration d'un air grave et solennel, s'écoutant parler, s'arrêtant en certains moments comme un habile comédien pour produire plus d'effet, embellissant son récit de toutes les digressions que pouvait lui fournir la riche faconde d'une éloquence lourde, pesante, embarrassée et vide d'expression.

— J'ai longtemps vécu célibataire, monsieur

Gérard ; heureux au milieu de mes travaux, ne songeant qu'à compléter la collection que vous venez de parcourir, toute mon ambition se concentrait en elle, je la léguais dans l'avenir à mon pays comme un riche trésor ; chaque jour je passais des heures entières en recherches souvent fructueuses, et vous pourrez facilement concevoir ce qu'avait de doux et de glorieux pour moi ce travail, jouissance de mon présent, gloire de mon avenir ; jamais ma jeunesse n'avait connu les folles joies de Paris ; aucun entraînement de ces passions éphémères, qui brisent tant de joies, n'avait exercé d'influence sur moi ; j'ai aimé quelques femmes dans ma vie, mais sans emportement, sans furibonde exaltation, et je puis dire avec une sorte de vanité qu'aucun orage n'a troublé la douce quiétude de mes cinquante années.

J'avais à peine vingt-cinq ans, monsieur, j'étais à cet âge déjà plein de sagesse et de réflexion ; il me prit un dégoût profond de l'inutilité de mon existence ; je résolus de donner un but à ma vie ; mais je ne voulus me lancer ni dans l'incertitude des faveurs et des travaux de la politique, ni me jeter tout botté, brillante inutilité, dans les tracas et les soucis de la carrière militaire; la magistrature avait pour moi peu de charmes ; l'existence de gentilhomme campagnard faisant valoir ses terres, ne m'en promettait aucun. Ce fut à ce moment que la manie, le goût, l'étude des collections prit possession de mon imagination; à cette époque, comme aujourd'hui, vous n'eussiez point rencontré des collections de toutes sortes de choses, personne ne parquait encore le moyen âge en manière de galerie dans un vide de son appartement; personne ne livrait au public d'*exhibition* antique, gothique, punique ou fantastique.

Ici le marquis se mit à rire et s'interrompit un instant, comme en admiration de son propre esprit.

Je disais donc, monsieur Gérard, reprit-il bientôt, que les collecteurs à cette époque étaient fort rares; je puis me vanter d'être un des premiers collecteurs dont la réputation ait fait quelque bruit; mais je dois cependant avouer que l'idée de rassembler les autographes des hommes célèbres de tous les temps et de tous les pays me fut suggérée par un incident qui ne manque pas de bizarrerie. Je n'avais nulle idée des précieuses collections d'autographes qui existent à la bibliothèque royale; il faut que je l'avoue, à vingt-cinq ans je m'étais encore très-peu occupé de *sciences* et de *littérature*. C'est seulement depuis cette époque que mon nom a pu figurer, non sans quelque illustration, dans plusieurs ouvrages où mes autographes sont cités. Voyez entre autres l'*Iconographie* des contemporains.

J'étais donc complétement ignoré à vingt-cinq ans ; cela vous étonne, je le vois. Et le pauvre marquis se rengorgeait comme s'il eût été accablé en ce moment du fardeau d'une réputation européenne.

J'étais donc complétement ignoré à vingt-cinq ans, répéta-t-il avec emphase, lorsqu'un jour mon domestique m'apporta des gants que le parfumeur avait enveloppés dans une lettre de Robespierre à Saint-Just ; c'était fort peu de chose, vous m'en ferez facilement convenir ; pourtant ce fut là mon point de départ ; les plus admirables idées, les conceptions les plus magnifiques ont eu souvent des moteurs aussi misérables.

Cette lettre de Robespierre, que j'ai conservée comme une sorte de monument, conservée comme le vieil et honorable Oberkampf conservait à Jouy la chaumière dans laquelle il avait commencé avec cent louis sa prodigieuse fortune ; cette lettre, dis-je, m'ouvrit les yeux sur ma vocation, sur le but que devaient se proposer mon activité et mon intelligence. Je me vouai à la recherche des autographes ;

l'écriture de Robespierre, venue en ma possession par l'entremise extraordinaire de mon parfumeur, semblait me crier, chaque fois que je la regardais : Les boutiques de Paris regorgent d'autographes ignorés, fouillez les boutiques, fouillez les boutiques. C'est ce que je fis, monsieur de Stolberg, et je dois aux épiciers mes pièces les plus rares. J'ai trouvé en 1816, chez un épicier de la place Maubert, un parchemin que l'on pense devoir être du XIIIe siècle; personne n'a encore pu le lire, mais l'on présume que ce parchemin est quelque charte accordée par saint Louis à la fameuse abbaye de Corbie, au moment du départ de ce monarque pour la Terre-Sainte.

Je me fis donc chercheur d'autographes ; ma collection, d'abord modeste, devint bientôt plus considérable ; puis enfin elle fut une puissance avec laquelle la bibliothèque royale traita d'égale à égale. Je dépouillai, pour augmenter mon trésor, les archives de mes amis, je fouillai leurs correspondances, je me liai avec des gens qui m'étaient non-seulement indifférents, mais dont les habitudes se trouvaient totalement en désharmonie avec les miennes, et je prenais toute cette peine dans l'espoir, souvent trompé, de ravir à des ignorants un autographe précieux. En peu d'années je parvins à posséder une sorte de réputation; mon cabinet fut connu et envié; alors ma vie devint douce et agréable, car je crus n'avoir plus qu'à me reposer de mes longs travaux dans la jouissance paisible d'une réputation et d'un bien laborieusement acquis.

Les prévisions des hommes sont toujours trompeuses : plus je m'étais affermi dans mes idées de quiétude, plus il me fut amer et douloureux de reconnaître un beau jour mon erreur, de sentir au fond de mon âme que la plus rude de toutes les épreuves m'était encore réservée; qu'il me fallait enfin, pour conserver la haute réputation de mon cabinet, pour sauver l'honneur de ma collection, sacrifier la tranquillité si paisible de mon existence, renoncer à mon repos, à toutes mes habitudes, me refaire une nouvelle vie.

Et le marquis de Lucheux, à cet endroit de sa narration, se tint quelques moments recueilli et silencieux, après avoir tiré un profond et douloureux soupir de sa large poitrine.

— Je vous disais tout à l'heure, monsieur de Stolberg, que je m'étais sacrifié pour mes autographes, et cette manière de s'exprimer n'avait de ma part aucun sens hyperbolique ; je me suis réellement sacrifié pour eux ; mais il fallait opter entre l'œuvre de toute ma jeunesse, l'amour de mes pensées, le but de toutes mes ambitions et la tranquillité de mon existence; dire que je n'hésitai point serait inexact, j'hésitai longtemps; l'amour de ma collection, de mon œuvre, de ce monument que vous avez admiré l'emporta, et voici comment.

Au milieu de mon triomphe, et comme il était, je le dis avec orgueil, le sujet de l'admiration générale, j'osai me vanter un jour, devant plusieurs amateurs distingués, de posséder la plus belle collection connue d'autographes, tant des morts que des vivants. Tous, ou à peu près tous, convinrent que ma prétention se trouvait bien fondée, et nous passâmes en revue toutes les collections connues, celle du marquis de D..., celle du marquis de B... Nulle ne put rivaliser avec la mienne. J'avoue, monsieur, que je ressentis en cette journée la plus grande joie, le bonheur le plus pur de toute ma vie; mon cœur paternel se gonfla d'une satisfaction qui procédait entièrement de lui, n'appartenait qu'à lui, sans être obligé de la partager avec qui que ce fût au monde. Tous les visiteurs me quittèrent vers quatre heures, à l'exception d'un seul, le baron de Maulaincourt, petit vieillard vert et sec, le seul qui, parmi tant d'approbateurs, n'eut pas joint sa voix à la commune louange. Une sorte de sourire sardonique errait sur ses lèvres, et son regard, malicieusement arrêté et fixé sur le mien, avait je ne sais quoi qui me troublait et glaçait par moments l'ivresse de mon âme.

Enfin quand tout le monde fut parti, le baron de Maulincourt s'approcha de moi, et me touchant légèrement le bras, il me dit ce peu de mots, qui me firent l'effet du fameux, MANE TEKEL PHARES.

« Je vous fais mes compliments bien sincères, mais venez voir ma collection. »

Ces mots, prononcés lentement et en appuyant sur les derniers, me laissèrent dans une sorte de stupéfaction, dans un engourdisment physique et moral impossibles à décrire, ils durèrent peu à ce degré de violence qui m'ôtait toute présence d'esprit ; mais quand ils eurent cessé, et que je voulus répondre quelques paroles, le diable de baron n'était plus là.

Pendant deux jours et deux nuits je fus dévoré par une fièvre terrible. Comprenez-vous bien, monsieur de Stolberg, l'énormité du coup qu'avait reçu mon amour-propre d'abord, puis mon amour de père, de fondateur, de créateur. Ma collection m'attristait à contempler ; elle était pour moi comme un fils déshonoré devant son père. Si cet état de crise eût duré, ma perte devenait certaine. Je ne mangeais plus, je ne buvais plus, je ne dormais pas ; jamais, ni depuis ni avant, je ne me suis vu dans une telle situation. Je ne pus l'endurer longtemps ; le troisième jour je me fis annoncer chez le baron de Maulaincourt, et j'y entrai, l'avouerai-je, avec encore un peu d'espoir au fond du cœur.

Hélas ! monsieur, cet espoir devait être bientôt détruit ; la collection du baron de Maulaincourt écrasait la mienne d'une supériorité incontestable. C'est chez lui que je trouvai et la lettre signée *Arouet*, et les deux écritures de Mandrin et de Cartouche, et le billet galant du cardinal de Richelieu, et tant d'autres richesses incomparables qui viennent d'éblouir vos yeux ! Je ne saurais vous dire maintenant quel cruel désappointement s'empara de moi, comme mon orgueil passé me parut misérable, et comme je vis enfin dans toute cette affaire, dans cette victoire du baron de Maulaincourt sur la mienne, une question de vie et de mort ; J'avais placé toute ma joie, tout mon avenir en ma collection ; elle avait été ma vie, mon unique passion, la cause première de ma réputation ; par elle j'étais connu, elle m'attirait de nombreuses visites de connaisseurs distingués, de gens de lettres, d'illustrations de toutes sortes ; j'avais acquis une belle et brillante renommée. Fallait-il perdre le fruit de mes fatigues, de mes longs travaux, fallait-il...

Gérard de Stolberg interrompit le marquis de Lucheux :

— Le baron de Maulaincourt vous céda donc sa précieuse collection, monsieur?

— Ah! vous êtes impatient, reprit le marquis. Eh bien, oui, il me la céda, mais à quel prix !... Savez-vous bien quel sacrifice je fus obligé de faire pour obtenir cette cession? Mes habitudes étaient toutes celles d'un célibataire, ma vie était arrangée pour le célibat, ma fortune suffisait amplement à mes goûts; je me vis contraint au mariage, oui, monsieur, contraint, et nous voici arrivés à ce que je nomme mon sacrifice. Aucun prix ne pouvait décider le baron à se défaire de ses autographes, et chaque jour sa malicieuse figure m'apparaissait, moqueuse et souriante d'un rire diabolique, au-dessus des autographes de Cartouche, Mandrin, Arouet et Richelieu. Le baron, dis-je, ne voulait entendre à aucune proposition. Je me croyais prêt à perdre la tête, quand je découvris que cet infernal baron avait une fille, élevée au couvent; je ne la connaissais pas, jamais je ne l'avais vue; cependant je la demandai en mariage à son père. Il me l'accorda, et comme gendre j'obtins ce que tant d'instances n'avaient pu me faire accorder.

— Est-ce là ce que vous nommez votre sacrifice, monsieur de Lucheux?...

— Oui, monsieur, et véritablement ce fut un grand sacrifice. Savez-vous ce que c'est qu'une femme dans une vie comme la mienne, une femme à soigner, à surveiller, à conduire; une femme qu'il faut bien aimer aussi, et je n'ai d'amour que pour mes autographes, et tout mon temps leur appartenait, et toutes mes idées se concentrent en eux.

— Mais enfin, monsieur, articula avec peine Gérard, pâle d'étonnement, comptez-vous pour rien les doux soins, la tendresse et le charme enivrant de l'amour d'une jeune femme, et tous les bonheurs de sa possession?

— Non, sûrement... non, sans doute; peut-être mes ennuis ne sont-ils pas sans quelque compensation; après une journée de fatigues et de travail, le babil de ma femme est une bonne petite serinette qui me distrait parfois; puis à mon âge, monsieur de Stolberg... (le marquis se mit à rire d'un rire niais), à mon âge une jeune femme peut quelquefois être agréable à son mari... je ne le nie pas; mais, après tout, ces occasions sont des exceptions... et croyez-moi... une femme est un meuble fort embarrassant.

— Un meuble! dit Gérard.

— Oui, monsieur Gérard, un meuble embarrassant. Vous dînez avec nous, vous verrez madame de Lucheux; elle est agréable, elle ne manque pas d'esprit, vous en jugerez; je m'en accommode aussi bien que je le puis. Je crois être un bon mari. Sans ces autographes, cependant, je n'aurais jamais pensé au mariage; et, je le répète, Cartouche, Mandrin, Arouet, Richelieu, me coûtent cher. J'aurais... je puis avoir des enfants, comprenez-vous. Mais ne parlons pas de cela, c'est pour moi un assez grand tourment d'y songer dans mes jours de tristesse.

Une jeune femme.

> Il ne peut y avoir trop de conformité
> entre les personnes qui se marient.
> *Les Caractères.*

IV.

Gérard de Stolberg sortit tout pensif du dîner qu'il avait accepté. Pendant plus de quatre heures il y avait fait de madame de Lucheux son étude principale, il s'était complu à pénétrer le caractère de cette femme vers laquelle il se sentait entraîné par un intérêt déjà bien puissant : ce qui avait amené son cœur à l'entraînante attraction qu'il ressentait, il ne le savait pas bien lui-même, ou, pour parler plus vrai, il ne voulait pas se l'avouer, tant les motifs en étaient minimes et en apparence frivoles. C'était cette conversation entendue au bal de la comtesse de Blacourt, ces médisances,

ces calomnies acharnées, qui avaient épargné la jeune femme; c'était encore la singulière confidence du marquis, puis cet intérêt qui, dans une âme neuve et pure encore, s'attache aux pauvres jeunes femmes nouvellement mariées, jetées comme victimes d'un sacrifice sur les autels de la société.

Julie de Maulaincourt, à peine âgée de dix-huit ans, n'était point ce qu'on nomme une jolie personne, ses traits n'offraient rien de remarquable; mais elle était grande, bien faite, et toute son attitude, le son de sa voix, les paroles pleines de curiosité qu'elle prononçait, décelaient une de ces délicieuses naïvetés si rares et si naturelles, indices d'un cœur neuf et d'une pensée forte, mais encore inexpériente; le regard de madame de Lucheux se montrait étonné, ignorant et désireux d'apprendre. Pour tout dire, son charme, quoique indéfinissable, exerçait une puissance qu'elle-même ignorait.

Encore inhabile à se servir de son esprit elle ne s'avançait qu'en tremblant entre les mille difficultés d'une conversation; la moindre objection faite d'un ton assuré l'embarrassait, aussi le marquis de Lucheux traitait-il sa femme du haut de sa prétendue supériorité qu'il pensait être incontestable; il la traitait en enfant, s'arrogeait tous les airs d'un maître et d'un tuteur rigoureux, d'un instituteur infaillible, d'un juge irrécusable. Dans les instants de loisir que lui laissaient les soins de sa collection, il prétendait façonner à sa guise, modeler sur lui-même, empreindre de son caractère, du reflet de sa pensée, sa jeune femme, dont l'âme candide et franche ne comprenait rien à l'égoïsme rétréci dont la sèche nudité l'effrayait. Cependant le titre de mari lui apparaissait encore avec une auréole de supériorité qu'elle ne s'expliquait pas, elle doutait quelquefois, se reprochait son doute; mais il était évident que la réalité devait bientôt se faire jour et cette réalité détrônerait à jamais le marquis.

Placée toute petite en un couvent, Julie de Maulaincourt en était sortie pour devenir la femme d'un homme qu'elle n'avait jamais vu ; le matin de son mariage elle crut comprendre que ce nouveau sacrement lui donnait un second père; le lendemain elle demeura muette en considérant les étranges droits qu'une journée avait donnés sur elle à un homme dont aucune sympathie ne la rapprochait. Le lendemain de son mariage, Julie de Maulaincourt ne se sentit pas malheureuse, elle ne connaissait rien du monde, ni de son propre cœur, mais elle sentit un grand trouble; un instinct vague lui donna comme un commencement de révélation de tout ce que son mariage laisserait de vide en son existence.

Peu après, et bientôt, hélas ! la prétendue supériorité de son mari fut rabaissée en son esprit à la réelle valeur d'une nullité absolue ; Julie de Maulaincourt s'était mariée avec le religieux désir d'aimer celui dont elle devait porter le nom ; un premier chagrin l'attrista en s'apercevant des impossibilités morales qui s'opposaient à cette volonté. L'infériorité de l'homme qui réclame l'amour, le respect, tout le cœur d'une femme, aigrit d'abord et révolte ensuite cette femme, dont les yeux s'ouvrent, dont l'esprit comprend, dont l'âme plonge avec désespoir dans l'immensité du malheur irréparable qui a été fait.

Quand Gérard de Stolberg fut présenté à la marquise de Lucheux, elle se trouvait dans cet état de doute et de réflexion qui précède un profond désenchantement ; souvent ses yeux s'arrêtaient sur son mari comme pour ressaisir une illusion prête à disparaître ; alors une tristesse désespérée se répandait sur toute sa figure, et le tressaillement de tout son corps dénotait en elle la rupture d'un des anneaux de cette chaîne de pieuse résignation, lien si douloureux à rompre, si impossible à reformer. Quelquefois, par un violent effort, elle cherchait à se révolter contre la lucidité de sa perspicacité ; elle disait à son cœur soulevé : Cet homme est bon, cet homme est ce qu'il faut qu'il soit, il est mon mari, je l'aime ; mais ses yeux gonflés de larmes démentaient cette force momentanée, cette puissance fallacieuse de sa volonté. Peu de femmes, bien peu, parmi toutes celles qui dévouent leur avenir à un époux, déposent, sans de pénibles combats, cet instinctif attachement qu'elles éprouvent ou croient éprouver pour l'homme qui, le premier, leur a parlé des paroles de tendresse ; presque toutes combattent les réalités qui les désenchantent, et flétrissent leur jeune cœur des premiers déchirements de la vie réelle. Le bonheur leur a été montré dans la sainteté des liens du mariage, et cette sainteté repose sur l'estime et la considération qu'elles portent à leurs maris. Qui d'entre elles renonce sans regrets à l'idée d'un bonheur pur ? Quand une femme arrive à douter de son mari, quand une femme ne trouve plus pour lui en son cœur ni considération ni respect, cette femme-là a bien souffert, cette femme a vieilli, a perdu toute sa jeunesse morale ; et l'expérience, triste fruit de la vieillesse, lui a imprimé au cœur des rides mortelles.

La marquise de Lucheux commençait donc à vieillir dans sa vie morale; elle commençait à discuter la réalité de puissance et de supériorité de son mari; elle en était arrivée à souffrir de cette fièvre qui abaisse le voile qui couvrait les yeux, en détruisant pour jamais l'ignorance et l'innocence du cœur. La marquise de Lucheux sentait les premières douleurs d'une maladie sans guérison; elle se niait encore son mal à elle-même, mais elle en souffrait. Elle se reportait par la pensée à ces rêves de jeune fille, à ces courts moments d'innocence complète dans la vie d'une femme, pendant lesquels aucun devoir, si puissant et si lourd qu'il puisse être, n'apparaît comme une rude chaîne, dont le poids doive être senti un jour. Enfin, c'était avec une sorte d'effort, dernier combat d'une vertu qui se sent faiblir, qu'elle se disait: Il faut que j'aime mon mari.

Pauvre jeune épousée! elle a reçu un mari comme un second père; elle l'a accepté, ignorante de ses droits et de ses exigences; elle l'a accepté moralement, ne concevant, ne connaissant qu'une affection morale; et ce mari s'est révélé à elle, s'est imposé tout physiquement à ses jeunes affections. Le vouloir brutal de ce mariage, accompli sans passion, sans entraînement, commence à faire rêver son cœur, et l'absence d'un amour qu'elle n'a pu trouver, la rend désireuse, malgré elle, du véritable amour.

Une femme mariée sans amour est semblable à ces plantes venues à l'ombre et loin du soleil; leur vie s'écoule flétrie et sans parfums; elle n'est qu'une longue et triste maladie, que la chaleur pourrait seule guérir. L'amour est dans la vie des femmes une nécessité, une condition première d'existence, que rien au monde ne peut remplacer. En vain combattront-elles pour se refuser à ce but de l'existence humaine, elles ne feront que retarder une défaite à laquelle tout les convie, et leur cœur et leurs sens, puissants séducteurs, qu'elles écoutent tôt ou tard. L'amour dans la vie d'une femme doit toujours venir prendre sa place; refusez-le aux premiers jours de la jeunesse, il se présentera dans les jours de la maturité, brisant toutes les faibles barrières que vous aurez cru lui avoir opposées. Il arrivera, et ses ravages d'automne n'auront point d'été réparateur.

Madame de Lucheux se croit encore sûre de ce qu'elle nomme sa vertu; elle se fie à sa volonté de sacrifices, et déjà cependant elle sait ce qui manque à son bonheur; elle sait ce qu'il lui sera impossible de rencontrer dans la vie qui lui a été faite; elle comprend l'amour autrement qu'un devoir, autre chose qu'un ordre de la loi, qu'un sacrement de l'église, un consentement d'une volonté surprise. Aux heures où les clartés du désillusionnement frappent plus vivement son âme, elle cherche de bonne foi, dans son enthousiasme de fidélité, un amour qu'elle ne trouve pas; elle se fait plus tendre; elle s'efforce d'être plus aimante; elle se prodigue à l'égoïsme de M. de Lucheux; puis, désespérée de l'inutilité de ses efforts, elle retombe abattue et découragée. Indignée contre elle-même de cette comédie qui lui met au cœur un dégoût bien amer, des larmes brûlantes viennent à ses yeux; en songeant qu'il lui faudra ainsi passer toute sa vie, un tressaillement d'effroi la brûle comme la fièvre, quand se projette dans sa pensée un autre amour, un amour inconnu, un amour coupable, et des journées entières elle cherche à se débattre entre ces deux nécessités.

Gérard devina ou plutôt comprit à force d'observations ce qui se passait dans l'âme de madame de Lucheux, cette femme lui inspira une profonde pitié; car les froides paroles du marquis résonnaient encore à ses oreilles, car il se rappelait ces mots de la conversation du matin : « Une femme, monsieur de Stolberg, est un meuble fort embarrassant. » Enfin, comparant l'amateur d'autographes et Julie de Maulaincourt, victime sans compensation d'un marché odieux, il lui vient à la pensée qu'en effet un martyr se trouve dans ce ménage ; mais ce titre n'est certes point applicable au marquis.

Comment cela eût-il été possible! Riche, heureux, dans une position sociale qui ne laisse rien à désirer, il se voit l'époux d'une femme jeune, spirituelle et agréable ; il a par devers lui tous les contentements de ses fantaisies d'amateur d'autographes. Tandis que sa femme prise sans amour, sans amitié, sans aucun de ces attachements du cœur, qui font des mariages, sinon des unions fortunées, du moins des unions calmes et heureuses ; ne trouve dans son intérieur qu'indifférence, égoïsme, et se voit pour ainsi dire supportée comme la rude compensation d'une dot qui seule fut épousée avec amour. Le calcul froidement physique du marquis, chiffrant l'amour de sa femme, et le comptant en sa cervelle murée à toute passion, comme une distraction nécessaire, une nécessité de nature, une satisfaction donnée à ses sens, et rien de plus, révolte profondément l'âme candide de Gérard.

Ainsi donc, cette femme, dont toute la jeunesse semble fleurir des plus douces et des plus suaves passions du cœur ; cette femme, encore sur le seuil de l'enfance, arrachée hier aux joies, aux enivrements du jeune âge, pour être jetée dans les imposants devoirs du mariage, s'y trouve enchaînée comme une esclave ; seule, avec des obligations que nulle compensation n'allége, et pour prix de tous les trésors qu'une main avare réclame, elle ne peut espérer ni amour pour son amour, ni amitié pour son amitié. En réfléchissant à l'avenir, elle doit penser qu'il lui faudra toujours, et toujours, donner sans rien recevoir ; concentrer sur un égoïsme complet des sentiments sans retour, des affections non comprises. Pauvre jeune femme! placée ainsi face à face avec l'impossible, elle l'entrevoit, et cherche encore à le surmonter. Cependant elle sent vivement les plaies de sa misère. Mais, dans sa ravissante pudeur de mariage, elle renferme en elle-même le secret de ses affections, et les laisse creuser en silence leurs douleurs inguérissables.

C'est un spectacle tout à la fois digne de pitié profonde et d'amour véritable, que ce combat déchirant de la nature et des devoirs en l'âme de Julie de Maulaincourt ; digne de pitié en songeant que tant de qualités réunies se trouvent si mal appréciées par celui-là même qui en aurait dû être fier, digne d'amour véritable, en pensant à tout celui que contient ce cœur aimant et si malheureusement éprouvé, en pensant à tout celui qu'il semble promettre en retour d'une tendresse et d'une affection égales.

Gérard comprit Julie de Maulaincourt ; une profonde pitié remua pour elle tout son être ; et, sans s'avouer qu'il l'aimât déjà, il se dit : Si j'aimais une femme, ce serait celle-là, et je l'aimerais d'un amour véritable.

—Monsieur de Stolberg, ma collection a paru avoir un grand attrait pour vous, vous avez su l'apprécier. Et le marquis, en articulant ces mots, souriait agréablement à Gérard. Cependant toutes ses richesses ne vous sont point encore connues ; revenez donc les voir quand il vous plaira, et aussi souvent que vous voudrez bien me faire cet honneur. Je serais charmé de trouver en vous un connaisseur à former ; passez cette petite vanité à mes études et à ma longue expérience.

Gérard se sentait du mépris pour le marquis et de l'aversion pour sa misérable collection, à laquelle avait été sacrifiée une femme, l'objet de sa pitié, l'amour dont allait bientôt s'empreindre toute sa vie. Gérard était franc, et savait peu dissimuler ses affections et ses antipathies ; jusqu'à ce jour la dissimulation lui avait semblé de la bassesse ; pourtant une sorte de joie parut sur sa figure à cette invitation, il craignit presque qu'elle ne fût plutôt une banale politesse, une sorte de formule obligée dans la bouche d'un maître de maison, que la véritable expression d'un désir amical; aussi, par une flatterie parasite, premier indice du sentiment qui naissait en lui, se résolut-il à caresser la monomanie du marquis de Lucheux pour en obtenir des instances plus positives, si cela était possible.

— Monsieur, répondit-il, je ne saurais vous dire à quel point je suis reconnaissant de l'accueil obligeant que vous m'avez fait, et de l'invitation tout aimable dont vous l'accompagnez; c'est avec raison que vous me jugez digne d'apprécier vos richesses autographiques; si je ne craignais d'être indiscret, j'accepterais votre invitation, et j'en userais peut-être avec indiscrétion.

— Ne craignez point, mon cher monsieur, se hâta de dire le marquis; ne craignez point de paraître indiscret, quand moi-même je médite contre vous une indiscrétion peut-être bien grande.

— Laquelle? demanda Gérard avec une sorte de précipitation toute pleine de bonheur, qui fit sourire d'aise M. de Lucheux.

— Je médite, monsieur de Stolberg, un travail du plus haut intérêt sur quelques autographes précieux, et peut-être aurai-je recours à vos jeunes lumières et à votre amour du travail, si vous ne dédaignez pas l'ingratitude de ma collaboration.

— Dédaigner ! monsieur. Et Gérard sentit quelques remords en répondant au marquis avec un air de contentement et de désirs prévenus; dédaigner ! vous vous tromperiez étrangement si vous me jugiez ainsi ; je serais très-heureux de pouvoir vous être de quelque utilité; veuillez bien compter sur moi, toute ma bonne volonté est à votre service.

—Vraiment ? dit le marquis, comme doutant encore d'un acquiescement si prompt à sa proposition. Eh bien, alors, monsieur Gérard, ce sera moi qui maintenant attendrai votre visite avec empressement, qui la solliciterai; nous pouvons faire, monsieur, de grandes et curieuses choses.

Gérard s'inclina en signe de modestie et de remercîment, et acheva la conquête de sa nouvelle connaissance par la promesse qu'il lui fit d'un autographe de Simon, l'infâme gardien du malheureux Louis XVII.

— Un autographe de Simon, monsieur de Stolberg; mais c'est un trésor, une rareté qui manquait à ma collection ; un autographe de

Simon! vraiment je ne sais comment reconnaître... Et le marquis, dans son enthousiasme, se tourna vers sa femme, complétement oubliée depuis plus d'une heure. Un autographe de Simon! madame, savez-vous bien que jamais votre père ne put parvenir à s'en procurer un. Et cette fois le marquis, libéral dans sa reconnaissance, entraîné par la satisfaction donnée à son seul amour, ajouta : Madame de Lucheux et moi, monsieur de Stolberg, serons charmés de vous recevoir; venez quand vous pourrez, quand vous voudrez.

Madame de Lucheux parut froissée de cette invitation ainsi faite, à laquelle son mari l'adjoignait tardivement et comme par acquit. Quant à Gérard, il sortit mécontent de lui-même; les leçons du monde avaient profité, il venait de pousser la dissimulation jusqu'à la tromperie.

Amour.

Pourquoi de tes regards percer ainsi mon âme ?
Baisse, oh! baisse tes yeux pleins d'une chaste flamme,
    Baisse-les, ou je meurs.
        A. DE LAMARTINE. (*Méd. poét.*)

V.

Comment expliquer cette puissance secrète, magique, immense, qui peu à peu s'empare d'un cœur, et que l'on nomme amour; comment dire les moyens par lesquels elle pénètre jusqu'au fond des âmes, et s'y empreint tellement, que l'en arracher ensuite est presque impossible, tant elle s'est mêlée à la vie elle-même, qu'elle semble être la vie tout entière? Ceux qui, une fois en leur existence, ont éprouvé un amour vrai, profond, partagé, ceux-là peuvent dire ce qui leur est resté d'existence quand cet amour s'est vu brisé; ils peuvent dire ce qui leur est demeuré de facultés intellectuelles, et le regard peut apprendre, par les ravages physiques, leurs souffrances morales. Mais aucuns, ni ceux qui ont aimé, ni ceux qui aiment encore, ne sauraient dire comment cette passion s'est emparée de leur âme; ils ne pourraient indiquer pourquoi ils ont été soumis, ni comment ils l'ont été; quel premier entraînement les a fait s'incliner sous le joug de la passion, quel premier charme les a séduits. L'amour est, si l'on peut s'exprimer ainsi, une révélation muette, électrique, dont l'étincelle fait tressaillir deux sympathies, qui se comprennent alors, avant que l'intelligence, l'esprit ou la raison aient été avertis de la venue de cette puissance despotique qui doit les gouverner.

L'amour, non celui qui, selon Champfort, est l'échange de deux fantaisies, le contact de deux épidermes, mais celui qu'il faudrait nommer d'un autre nom, tant ce mot d'amour s'est vu prostitué aux plus honteuses débauches; l'amour vrai est une transformation presque divine accordée à certaines natures élues et prédestinées; l'amour, c'est l'invasion incompréhensible d'un génie jusque-là inconnu, qui semble révéler de nouvelles et plus grandes possibilités de bonheur et de souffrance; c'est encore la visitation d'un ange qui, vous enlevant bien loin des misères terrestres, vous ouvre les portes interdites du jardin céleste où se commit le premier péché.

L'homme qui aime d'un amour véritable répand autour de lui les parfums de son amour. Il marche troublé et chancelant d'un délicieux enivrement ; les bras croisés sur la poitrine, il contient de toute leur pression les battements précipités de son cœur ; une ineffable harmonie l'accompagne à travers les champs et les bois comme les chœurs de l'antiquité païenne accompagnaient les jeunes époux jusqu'à la chambre nuptiale. Il croit respirer un air plus pur, voir un ciel plus beau, fouler de son pied une terre plus douce. Tout lui sourit, il sourit à tout ; il donne au pauvre avec joie ; il est bon, il est religieux. Oh ! oui, sur toutes choses, si son amour n'est point une fantaisie éphémère, il est religieux ou il le devient s'il ne l'est pas encore, car il a des grâces à rendre, des espérances à invoquer ; car il lui faut, non-seulement la vie de la terre, mais encore toute l'éternité de l'autre vie, pour cet amour, seul lambeau des choses d'ici-bas qu'il veuille emporter, sainte relique par delà le tombeau.

Il lui faut pour confident ce sublime Créateur, qui n'a besoin d'aucune confidence pour tout savoir ; il lui faut les paroles de la prière, comme expression la plus magnifique des pensées de son âme. Il est doux de pleurer à soi seul les larmes de deux pénitences ; il y a quelque chose de si consolant dans cette pensée de deux cœurs se recueillant à la même heure, devant la même étoile, sous le même ciel, pour les mêmes besoins de l'âme, et de songer qu'alors, tandis que la créature périssable est ensevelie, anéantie dans l'extase du recueillement, la partie impérissable de notre être, traversant les champs de l'espace, s'unit à l'impérissable amour de l'objet aimé, et ne forme plus qu'un seul ange, rempli d'adoration au pied du trône éternel.

Premières craintes, premiers espoirs d'un amour réel, de quelle admirable folie revêtez-vous celui qui vous éprouve, quelle force possédez-vous, que vous puissiez le rendre si différent de ce qu'il était avant votre venue ? Un amoureux ne compte pour rien ni ses nuits ni ses jours, et ne songe ni à lui ni au monde ; il marche indifférent à tout, insoucieux du chemin, du temps et des saisons.

Ainsi Gérard faisait-il depuis quelques jours ; ce n'était plus l'homme froid et observateur, muet auditeur au bal de la comtesse de Blacourt ; il n'avait plus rien à observer, plus rien à apprendre, plus rien à chercher, car il avait tout trouvé; il aimait pour la première fois de sa vie, et l'amour en lui n'était point une de ces complaisantes passions, qui ne prend que quelques heures sur chacune des journées, semblable à ces maîtres qui vous apportent leur science, à jour fixe, pour remplir de leurs leçons vos moments perdus. Non, l'amour, dans le cœur neuf et vierge de Gérard, était tout, remplaçait tout, emplissait tout.

Madame de Lucheux était devenue pour lui l'objet d'une adoration vive et respectueuse.

Encouragé par la pressante politesse du marquis de Lucheux, Gérard avait d'abord fait quelques visites assez rapprochées les unes des autres; puis, enfin, il en était venu à ce point d'être attendu chaque jour par l'amateur d'autographes, dont il subissait patiemment la tyrannie, en partageant ses insipides travaux, et qui s'était d'autant plus attaché à lui, qu'il comprenait un peu plus, chaque jour, l'immense supériorité scientifique et intellectuelle de l'homme qui voulait bien n'être en quelque façon que son secrétaire correcteur. La plus grande partie du temps de Gérard, pendant la matinée, se passait donc à collationner, annoter, classer les innombrables paperasses du marquis de Lucheux, à écouter ses insipides dissertations et ses lourds raisonnements; il subissait sans se plaindre ce martyre incessant, pour lequel il avait abandonné ses études, ses amis, ses connaissances, avec une constance héroïque.

Ce qui expliquera peut-être cette énorme patience, peu de mots le feront comprendre. Gérard, en sacrifiant ses matinées au marquis, avait acquis le droit de venir chaque soir se faire servir une tasse de thé par la marquise de Lucheux. Et ce droit, que nul contrat ne garantissait, fut au bout de quelque temps consacré entre ces trois personnages par la puissance de l'habitude, tellement qu'une seule absence de Gérard eût laissé un vide pénible.

Souvent le marquis de Lucheux passait ses soirées à quelqu'une de ces sociétés prétendues scientifiques qui pullulent dans Paris. Jamais il ne manquait une réunion de ce genre; il aurait cru insulter à sa propre importance en ne s'y rendant pas. Ces soirs-là Julie et Gérard demeuraient seuls, et ces tête-à-tête revenaient souvent. Il régna d'abord entre eux une sorte de gêne, un embarras mutuel, qui amenait de longs silences, auxquels Gérard trouvait un charme indéfinissable. Il est si cruel, quand on n'a point encore avoué son amour, de remplacer les paroles qui viennent du cœur aux lèvres par ces mots froids et vides d'animation, que la tête enfante avec peine. Le silence, auprès d'une femme, est une espèce d'aveu de la part d'un homme jeune s'il se trouve seul avec elle. Le silence est cette première déclaration qui vient troubler le cœur d'une femme et l'avertit de tout ce qu'on n'ose lui dire. Le silence, enfin, est tellement un langage dans certains amours, que souvent, ou pour mieux dire presque toujours, il arrive que, lorsque les lèvres de l'amant viennent enfin avouer ce que son cœur ne peut plus contenir, il lui est répondu : « Depuis longtemps je le savais, ami. »

Gérard de Stolberg se trouvait, après deux mois de visites assidues, complétement envahi par un amour pur, et fort comme la jeunesse qui l'avait enfanté dans son cœur. Gérard aimait madame de Lucheux avec toute la candeur d'une première passion ; il aimait en elle sa vie de jeune fille, tout entière écoulée loin du monde ; il aimait la naïveté curieuse de son âme, son esprit sans développement ; il l'aimait aussi à cause du malheur de son mariage ; malheur qu'elle ne sentait point encore, mais qui déjà apparaissait à l'horizon de son existence, comme ces nuages lourds d'électricité sur l'azur d'un beau ciel d'été.

L'inégalité du lien qui unissait le marquis et la marquise de Lucheux avait été le premier mobile de l'intérêt que Gérard s'était senti pour cette jeune femme. L'amour vrai se distingue de l'amour éphémère, de l'amour des sens, en ce qu'il naît plutôt de la rencontre d'une infortune à adoucir, que de joies ou de bonheurs à partager. Il y a dans le cœur de l'homme un tel principe de douleurs, une si grande prescience de malheurs, que toutes les sympathies de son âme s'éveillent à la rencontre d'un malheur réel, d'une existence menacée dans l'avenir; il cherche à associer ses misères morales, et non ses ravissements passagers; aussi, quand en son chemin il rencontre quelque malheureuse et faible créature éprouvée par l'adversité, il sent les larmes monter à ses yeux, la compassion grandit en lui; il s'avance vers l'être qui souffre, et lui dit : Toi, qui es blessé, viens; marchons ensemble, la route sera moins dure, et tu auras désormais deux cœurs pour supporter la colère de ta destinée.

En contemplant la jeunesse de Julie de Maulincourt sacrifiée à l'égoïsme du marquis de Lucheux, Gérard avait deviné dans un avenir peu éloigné toute une suite de calamités pour cette pauvre jeune femme; il avait compris quelle affreuse clarté jetterait en elle la découverte de son isolement sur la terre; du manque d'affections qui lui avait été fait, Gérard était descendu de toute l'intuition de sa pensée dans l'amertume future des malheurs de madame de Lucheux : avec cette générosité qui n'appartient qu'à la jeunesse, il résolut de se placer entre elle et sa destinée; il vit là un noble but à atteindre, l'amour n'entra pas de prime abord dans son calcul de charité. Il voulait seulement, lui, étranger à qui il manquait une famille dans l'immensité du monde parisien, l'adopter comme une sœur, au salut de laquelle il consacrerait les saints enthousiasmes de son admirable *Don-quichottisme*.

Illusion pure encore! le jeune homme, abusé par son inexpérience des passions, n'avait pas reconnu l'amour à cette première rencontre, jamais il ne se l'était figuré; ainsi déguisé sous l'apparence d'une calme pitié, il n'éprouvait point ces mouvements tumultueux, ces transports insensés, qu'il pensait devoir être l'accompagnement nécessaire de l'amour; loin de là, il sentait son cœur rassuré par un bien-être tranquille, une quiétude destructive, selon lui, de toute idée de passion. Prenant sa pitié pour un noble sentiment, dégagé de tout intérêt personnel, Gérard y livra son âme sans contrainte, et l'accueillit de tout l'empire de son imagination vive. Cependant chaque jour sa prétendue pitié prenait une puissance plus grande, chaque jour il la sentait plus poignante; il souffrait pour sa sœur Julie, comme il la nommait en sa pensée, toutes les angoisses que celle-ci ignorait encore; son œil s'arrêtait sur elle avec attendrissement; mais il ne s'était pas dit à lui-même, il ne s'était pas avoué qu'il l'aimât.

Julie, de son côté, s'était peu à peu habituée à la société de Gérard. Comme elle allait rarement dans le monde, elle avait fini par trouver un certain charme dans ses visites journalières; elle en était même venue à l'attendre avec une sorte d'impatience, quand l'heure à laquelle il arrivait ordinairement se trouvait passée de quelques minutes. Cette impatience n'était pas de l'amour, elle appartenait à cet ennui du vide de sa vie, à ce malaise éprouvé dans sa vie intérieure; symptômes de graves crises dans l'existence des femmes! Madame de Lucheux, dans le premier étourdissement causé par la nouveauté de sa position, par toutes les petites séductions de l'état de maîtresse de maison, n'avait pas consulté son cœur, ne lui avait pas demandé s'il se sentait rempli par quelque affection, née de son mariage même. Élevée au couvent, dans une grande ignorance des choses et des passions de la vie, elle accepta le mariage que des parents ordonnèrent, sans plaisir, comme sans répugnance; puis elle se livra, toute jeune fille, dont le cœur n'avait reçu aucune impression, à l'étonnement profond que ses nouveaux devoirs de femme firent en son âme.

Ce n'est jamais pendant les premiers jours qui suivent son mariage qu'une jeune femme se recueille pour réfléchir et scruter sa conscience d'épouse dans l'avenir; ce n'est jamais pendant les premiers jours qui suivent son mariage que la jeune fille d'hier se demande : Où donc sont allés mon bonheur et mon calme perdus? où trouverai-je le bonheur nouveau que l'on m'a promis?

Il faut de longs jours et de longs mois avant qu'elle ait éprouvé tous les secrets malheurs de son mariage, avant qu'elle ait senti toutes les amertumes des antipathies qui n'ont pas été respectées, avant qu'elle ait déploré l'absence de sympathies, sans lesquelles le mariage lui paraît une affreuse déception, un révoltant mensonge. Quelquefois il faut des années; car même alors qu'elle s'aperçoit de toutes les tromperies dont elle a été victime, alors que se révèlent à son cœur les mille malheurs de sa vie d'épouse, une jeune femme combat contre elle-même, au nom des devoirs qui lui ont été faits, au nom des serments qui lui ont été surpris; elle place son mari sous la protection de ses propres croyances religieuses, et souffre avec résignation son martyre.

Tant que le cœur d'une jeune femme reste calme, aussi longtemps qu'il lui demeure inconnu, elle peut supporter le fardeau de son mariage; elle peut ne pas frémir à la pensée des tristes jours qui lui restent à passer dans des liens qui brisent son âme sans pouvoir l'enchaîner; elle peut, sans trop de dégoût, souffrir les embrassements d'un homme mis dans son lit par la loi, appuyant sa tendresse sur le droit.

Mais le jour où elle sent les premières atteintes de l'amour, le jour où les joies de cette passion, dont on n'a pas voulu lui tenir compte, viennent illuminer les ténèbres dans lesquelles elle sommeillait; oh! alors, non-seulement le présent lui paraît affreux, mais encore le passé revient l'assiéger comme un remords insupportable. Elle sait alors ce que valait cette virginité du corps et de l'âme qu'on lui a ravie; elle pleure ses trésors de naïveté perdus, et se trouve comme souillée par toutes les exigences du mariage.

Alors encore si elle livre son cœur au cœur qui est venu l'aimer dans sa solitude, si elle se livre enfin tout entière à celui qui lui ouvre les portes d'une vie nouvelle, remplie d'enchantements et de terreurs, elle vient vers lui, toute pleurante d'expiations, s'accusant de n'avoir plus rien à abandonner à son amour qu'un cœur flétri, un corps souillé, et demandant à racheter ces deux fautes involontaires par toute la passion, par tout l'amour dont, heureuse du moins en cela seul, elle éprouve pour la première fois les puissantes atteintes.

Elle ne parlera point de ses remords, de ses craintes, et des liens qui pour elle ne sont plus; non, comme ces femmes coquettes qui cherchent à s'assurer seulement l'empire d'un cœur, elle ne vantera point la grandeur de ses sacrifices, car elle ne pense point à réclamer le bénéfice de cet inventaire de dot morale, que les coquettes se constituent par une singulière prudence. Abattue sous la crainte de son impureté de femme mariée, elle demandera seulement : Vous qui m'aimez, me voulez-vous, quoique d'autres lèvres aient pressé les miennes, quoique d'autres bras m'aient étreinte; me trouvez-vous encore digne d'amour, pauvre esclave que je suis, vendue jadis à des plaisirs que mon cœur ne partageait pas? Le vrai mariage, l'union indissoluble sera pour cette jeune femme l'amour accepté par sa volonté, à la venue duquel auront tressailli toutes les sympathies morales de son être.

Ni Gérard de Stolberg, ni Julie de Maulaincourt n'en n'étaient arrivés à ce point. L'intimité qui leur avait été facilitée leur faisait respirer ses parfums les plus enivrants, les berçait de ses plus riantes illusions; et peu à peu l'amour entrait dans leur âme, presque à leur insu, il y arrivait sous l'apparence d'une tranquille amitié, s'affermissant du calme même de ce commencement. Une sainte fraternité unissait leur jeunesse et leur naïveté dans une communauté de sentiments et d'idées, pour la défense de laquelle ils se prêtaient un mutuel appui contre les froides et sèches théories du marquis : ainsi ils s'habituaient à ne faire qu'un, à ne compter qu'une volonté, qu'une expression de cette volonté, et pour eux cependant tout cela n'était pas encore de l'amour.

Un symptôme se déclara plus fort et plus prononcé chez Gérard de Stolberg; il ne pouvait, dans sa pensée, donner le nom de marquise de Lucheux à Julie de Maulaincourt; sans cesse, au contraire, il la plaçait en sa mémoire sous son nom de jeune fille. L'image du marquis, le souvenir de ses droits d'époux eussent flétri la gracieuse Julie, s'il l'eût invoquée en ses souvenirs sous le nom de marquise de Lucheux. Il la faisait apparaître en ses rêves telle qu'il la supposait au parloir de son couvent, avec toute son ignorance d'enfant, toute sa pureté première; alors il ne se disait pas : Je l'aime, mais il la saluait du nom de sœur.

Julie et Gérard n'avaient donc point encore sondé la nature de l'attrait qui les rapprochait chaque jour de plus en plus. Ils sentaient cependant qu'ils devenaient indispensables l'un à l'autre; mais ils se livraient au penchant *anonyme* de leur cœur, comme deux nobles enfants, mettant en commun leurs jeunes tendresses, écloses fraîches et pures sous un beau soleil de printemps.

S'ils se rencontraient, et ils se rencontraient toujours, dans les bals, sans qu'il fût nécessaire que cela eût été convenu d'avance, Julie de Maulaincourt réservait une contredanse et une valse pour Gérard; elle n'attendait point son invitation, elle en était certaine; ils s'interrogeaient seulement du regard pour savoir le moment réservé à cette contredanse accordée sans demande. Il y avait donc muette entente entre eux; cette intimité qui n'a besoin d'aucune parole pour s'exprimer, était donc déjà établie. C'était beaucoup, et ils ne s'en doutaient pas.

C'était beaucoup; car ces révélations de pensées par le regard, tout innocentes qu'elles fussent, étaient comme une langue étrangère parlée entre eux ; et le marquis de Lucheux ne savait pas cette langue, et elle se parlait devant lui. Ainsi il existait une sorte de secret, une confidence dont le mari se trouvait exclu. Il existait dans la pensée de Julie quelque chose qui n'appartenait point au marquis, et pour Gérard elle avait adopté un langage réservé à lui seul, un langage qui, sans être arrivé à la dangereuse familiarité de la correspondance écrite, était de la correspondance télégraphique.

Et le marquis ne soupçonnait rien, et Gérard ne soupçonnait pas encore, et Julie craignait peut-être de soupçonner. Le moindre événement pouvait éclairer ces deux derniers ; cet événement, occasion fatale, sans importance, sans valeur, devait survenir tôt ou tard. Ce fut le marquis, ce fut lui seul qui se chargea bien innocemment de faire passer au second acte le drame joué devant lui, dans sa propre maison, et où il se trouvait acteur ignorant, mais non sans importance.

Julie avait été vendue en mariage, débattue, marchandée par son mari ; et quand l'amour vint remuer et agiter sa jeune existence, ce fut son mari, aveugle, sans bonhomie, qui la livra à l'amant qui s'ignorait encore.

Un pas en avant.

L'aubépine, et l'églantin,
Et le thym,
L'œillet, le lis, et les roses,
En ceste belle saison,
A foison
Monstrent leurs robes escloses.
REMI BELLEAU.

VI.

L'hiver était passé, les tièdes haleines du printemps fécondaient de leur souffle vital toute la nature; les arbres se coloraient de jour en jour d'une teinte plus verdâtre; Paris prenait une nouvelle parure, Paris commençait cette courte saison, la plus belle de toutes, pendant laquelle il garde encore ses hôtes brillants de l'hiver, au milieu de ses fêtes de printemps. Le bois de Boulogne, Tivoli, les Champs-Elysées, regorgeaient de promeneurs; mille équipages se croisaient. Chaque soir, des centaines de cavaliers voltigeaient autour des voitures, et des piétons plus modestes complétaient cet air de fête et de joyeuse gaieté.

Le printemps peut véritablement être nommé la convalescence de Paris; car alors tout s'y meut, tout y secoue ses douleurs, tout y renaît.

Aux bals avaient succédé les déjeuners dansants, les fêtes de jour, les concerts sans prétention, les conversations à fenêtres ouvertes; la société affichait moins d'affectation et plus d'intimité; les voyages se décidaient, les parties de campagne s'organisaient; chaque maîtresse de maison retenait à l'avance les hôtes qu'elle voulait voir pendant l'été à son château. Paris avait déjà presque un air de campagne, il se montrait en négligé, et ce négligé possède un charme indéfinissable. Il règne alors une mollesse tiède et enivrante, une nonchalance, une quiétude de repos qui prédisposent l'âme aux plus douces comme aux plus voluptueuses sensations; époque dangereuse pour tous ceux dont le cœur a été atteint ou blessé par la fièvre d'une passion, car alors on se sent vaincu, car alors on ne combat plus, et bientôt on est complétement dominé. A Paris, si l'amour s'ébauche l'hiver, il se noue au printemps; le printemps fait tout renaître, crée tout, anime tout; qui n'a pas connu le printemps à Paris, ne connaît pas cette ville sous la plus séduisante de ses faces, sous le plus délicieux de ses aspects.

Vers la fin d'une belle journée du mois de mai, une calèche, traînée par deux vigoureux chevaux, traversait la place Louis XV pour entrer dans les Champs-Élysées ; l'air était frais, de cette fraîcheur réchauffante qui semble ramener la vie dans la poitrine des malades ; le soleil, couché derrière les hauteurs de Saint-Cloud, n'éclairait plus la terre que par des reflets doux, brillants et veloutés.

La calèche roulait silencieuse sur les bas côtés de la grande avenue de Neuilly ; des trois personnes qu'elle berçait mollement, la plus âgée semblait endormie, les deux autres, un jeune homme et une jeune femme, demeuraient plongés dans une rêverie profonde ; seulement leurs regards se rencontraient quelquefois ; alors, le trouble intérieur que ce regard laissait en eux les rejetait plus obstinément dans le silence. Une transition presque imperceptible amena la nuit, nuit claire, harmonieuse de mille bruits inconnus au jour, couronnée d'étincelantes étoiles ; çà et là de grandes masses d'ombre, des lueurs douteuses derrière des villages invisibles, des chants d'une joie mélancolique, des échos réveillés par des voix perdues ; puis enfin, derrière la calèche qui s'avançait toujours, le bruit de Paris s'affaiblissant, se confondant, et ne semblant plus à l'oreille que le lointain murmure de quelque mer expirant sur des grèves désertes.

La porte Maillot fut franchie par cette calèche silencieuse, et les belles allées du bois de Boulogne se déroulèrent devant elle. Là, tout bruit cessait, si ce n'est celui de quelque oiseau, réveillé par le pas des chevaux, ou la voix du rossignol, soupirant son éternellement ravissante complainte d'amour ; les jasmins et les seringats embaumaient l'air déjà voluptueux de ces lieux ; la jeune verdure avait elle-même un parfum que la nuit emporte plus puissant sur ses brises.

Magnifique concert d'amour, hymne voluptueux, il n'a jamais eu de cœur celui qui peut vous entendre, et ne pas joindre sa voix à la vôtre.

Jamais Gérard de Stolberg ne s'était trouvé emporté dans une rapide promenade, et bercé ainsi, par une belle nuit, sous les allées recouvertes d'un bois, si près de Julie de Maulaincourt, qu'il sentait son souffle passer sur sa figure, et qu'il tressaillait à chacune de ses aspirations. Jamais Gérard n'avait été plus complétement seul avec Julie ; car la solitude de la nature est bien plus complète que celle d'un salon ou d'un boudoir, où tout vous rappelle ce que votre cœur voudrait oublier. La calèche, qui réunissait Gérard et Julie, contenait aussi M. de Lucheux ; mais ce dernier dormait, pensant, dans son sommeil, à la possibilité d'acquérir de nouveaux autographes. Il dormait d'un sommeil heureux et paisible, tandis que, près de lui, commençaient à souffrir deux cœurs, commençaient à se perdre deux têtes, déjà enivrées de toutes les séductions muettes de cette belle nuit, qui semblait faire silence pour laisser entendre de doux aveux.

Il fallut un violent effort de volonté à Gérard pour commencer enfin une conversation, dont les mots n'arrivèrent pas d'abord bien lucides à son esprit; le silence lui paraissait une causerie bien plus éloquente, dans laquelle, au moins, il pouvait comprendre mille choses, qu'il entrevoyait pour la première fois. Son cœur, jusqu'alors, avait pu se tromper sur la nature de son affection ; il avait pu croire à de l'amitié ; mais, là, dans cette étroite calèche, sous le ciel sombre et transparent de la nuit la plus claire d'un printemps tout en fleurs, en face de Julie, sentant ses genoux froisser involontairement les siens, contemplant le mol abandon de cette jeune femme, et devinant ses formes gracieuses sous les draperies d'un vaste châle, découvrant quelquefois, à la faible lueur d'une étoile, sa figure pâle qui paraissait triste, fixant son regard, et le perdant, et le retrouvant, Gérard sentit son cœur s'éveiller d'un réveil terrible; son amour, inconnu jusque-là, son amour innocent, son amour, amitié pleine de tendresse, venait d'acquérir des sens; Julie n'était plus une sœur, cependant elle n'était point encore amante.

Gérard crut pouvoir chasser le trouble que de telles pensées jetaient en toute son âme, et c'est pourquoi ce fut lui qui commença la conversation; quant à Julie, le silence de la nuit, ses parfums, sa solitude et la présence de Gérard agissaient puissamment sur elle. Elle s'effrayait et s'étonnait tout à la fois de ce qu'elle découvrait en son cœur; et cependant cette découverte avait son charme, cette découverte lui faisait connaître un mystère de douces rêveries dans lequel elle se plongeait avec bonheur.

Le marquis dormait toujours profondément, songeant à ses autographes.

— Croyez-vous, madame, dit enfin Gérard d'une voix basse et pleine d'émotions, croyez-vous que les plaisirs du monde puissent jamais valoir les délices de cette promenade? ne trouvez-vous pas que la jouissance intime et vive, que fait éprouver l'harmonie de cette soirée, laisse bien loin les jouissances toutes passagères et frivoles d'une soirée de bal?

Julie, réveillée de son extase par ces paroles bourdonnées plutôt qu'articulées, répondit, sans trop savoir ce qu'elle disait : — J'aime le monde et les bals, monsieur de Stolberg.

— Vous aimez le monde, vous aimez les bals! Et Gérard s'arrêta; puis il reprit : — Je conçois que vous les aimiez; mais ne préférez-vous pas les rêveries qu'un tel spectacle fait naître? Et il désignait de sa main le paysage tranquille qu'ils apercevaient alors.

C'était, dans le lointain, les coteaux de Meudon et de Saint-Cloud, le mont Valérien, les bosquets dont le cours de la Seine est comme environné, et les bois épais assis sur les hauteurs.

— J'aime le monde; j'aime son étourdissante variété. Tout cela est si nouveau pour moi, monsieur! songez que je suis toute neuve à de telles impressions. Le spectacle que vous me montrez a bien aussi son charme, mais il porte en soi quelque chose qui trouble et émeut trop profondément.

— Et cette émotion, n'est-elle pas cent fois préférable à celle que procure le monde?

— Je ne sais, murmura faiblement Julie.

La conversation, à peine commencée, demeura quelques instants suspendue, après ces mots.

Gérard retomba de nouveau dans sa rêverie ; rêverie pleine de tristesse, car il crut impossible à son âme de sympathiser avec celle de Julie. Cependant il voulut sonder le cœur de la jeune femme, et ce fut avec toute la conviction de sa pensée qu'il reprit la parole.

— Le monde, madame, le monde que vous connaissez à peine, savez-vous ce qu'il vaut et ce qu'il vous donnera de compensation pour toutes les fleurs de votre jeunesse que vous lui jetez si généreusement?

— Vous m'effrayez vraiment par ce début, monsieur de Stolberg ; mon amour pour le monde n'est point une passion, c'est tout au plus une fantaisie de jeune femme encore ignorante des choses d'ici-bas ; ne faut-il pas m'accoutumer à lui, puisque je suis destinée à vivre de sa vie?

— Vous accoutumer !... vivre de sa vie !... Non, madame, non ; Dieu vous garde d'un tel malheur ; une vie plus noble et plus généreuse vous est destinée. Qu'iriez-vous faire parmi les médiocrités jalouses dont il se compose? avez-vous résolu d'abdiquer les jeunes richesses de votre âme, pour les présents de vieillards corrompus qu'il peut vous faire?

—Oh! je ne prétends rien, je ne veux rien, je fais ce que je vois faire; pourquoi irais-je lutter, pauvre force isolée, contre des périls imaginaires que je n'entrevois pas; et d'ailleurs, monsieur, une femme doit-elle chercher à remonter les courants qui l'entourent? Notre existence, à nous autres, n'est qu'une existence de reflets; nous recevons la lumière sans la choisir.

— Mais cette société, dont les séduisantes amorces vous ont déjà saisie, c'est la corruption, madame, c'est le désenchantement de toutes choses; le monde, c'est-à-dire ce que dans son immense vanité la société parisienne nomme le monde, est un singulier composé de médiocrités vaniteuses; c'est encore un assemblage de toutes les corruptions, décrétant prise de corps contre quiconque ne veut point se soumettre aux fourches caudines de sa prétendue civilisation. Pour ce monde, pour cette société, pas de libre arbitre; des moules existent, où doivent venir se repétrir ceux qui veulent échapper à ses amères censures. Toute aspérité le blesse, toute réputation l'offusque, tant qu'il ne les a point adoptées, et Dieu sait à quel prix il les adopte.

— Voilà tout au moins de la médisance, monsieur de Stolberg.

— De la médisance! non, madame, c'est la vérité dans toute sa simplicité. Chaque nouveau venu semble à ce monde un ennemi dont il faut se défaire. Alors il ameute tous ses limiers, et, s'il ne peut *forcer* ce pauvre nouveau venu, il marche devant lui, semant son chemin de rudes épreuves, remuant toutes les poussières des bas côtés, dépavant sa route, et creusant enfin sous ses pas des ornières et des fossés qui puissent lui devenir précipices.

— Que faut-il donc faire, que faut-il donc être pour ne pas rencontrer ce monde en ennemi?

— Il faut, madame, il faut être fausse ou coquette, ou biaiser ou tromper. Croyez-vous donc qu'il vous serait permis d'être vertueuse impunément, qu'il vous serait loisible de garder votre neutralité? non, non, madame, il vous faudra tomber dans quelqu'un des piéges qui vous seront tendus. Vous aimez le monde, mêlez-vous à sa foule brillante; mais alors étouffez les purs sentiments de votre cœur, détruisez-le pour qu'il ne soit pas brisé de douleurs.

Personne ne peut garder sa valeur personnelle dans le monde; personne n'y peut être grand de toute sa grandeur, ou petit de toute sa petitesse.

— Comment, monsieur de Stolberg, vous

ai-je rencontré dans cette société, dont vous pensez tant de mal? demanda Julie.

— Hélas! madame, ce fut un bonheur pour moi, puisque je devais vous y trouver et vous prémunir contre ses dangers.

— Votre amitié vous exagère le mal, répondit Julie en se sentant rougir. M. de Lucheux, qui a plus d'expérience que vous, ne m'a jamais parlé ainsi que vous le faites ce soir.

Le nom de M. de Lucheux, jeté dans cette causerie pleine d'animation, arrêta la réponse sur les lèvres de Gérard, et lui glaça le cœur; il trouva presque de la rudesse dans la réponse de Julie, et deux larmes âcres et brûlantes vinrent à ses yeux. Le sommeil du marquis continuait tranquille et bienheureux; la voiture, après avoir fait le tour de la grande allée de Boulogne, reprit le chemin de Paris, et se trouva de nouveau ramenée dans la grande avenue des Champs-Élysées. La lune s'était levée; sa lumière, tombant d'aplomb sur la figure de Gérard, éclairait tous ses traits d'une teinte pâle et bleuâtre, qui ajoutait encore à l'expression chagrine et mélancolique dont la dernière phrase de madame de Lucheux l'avait revêtu. Quelque chose de si profondément triste s'y faisait lire, qu'involontairement, sans doute, Julie fit de la tête et des yeux un mouvement d'inquiétude et d'interrogation qui soulevèrent d'une espérance infinie toutes les espérances de Gérard. Emporté par un mouvement irrésistible, il se pencha vivement en avant, saisit la main de la jeune femme, déconcertée et comme effrayée par ce mouvement brusque et si peu attendu; puis il lui dit d'un son de voix qui renfermait autant de prière que de puissance :

— Ne vous laissez point prendre aux piéges du monde, restez telle que vous êtes, bonne et aimante; ne troquez point votre cœur contre une froide coquetterie, oh! j'ose vous en prier par toutes...

Et Gérard s'arrêta, son audace d'un moment l'abandonna tout à fait; il lâcha la main que les siennes tenaient pressée, et, si dans son trouble il eût trouvé des paroles, il les eût employées à excuser la vivacité qu'il venait de montrer.

Julie parut plus étonnée encore que mécontente, plus étourdie de l'impétuosité de Gérard que révoltée de son audace; jamais elle n'avait entrevu la possibilité d'une liaison de cœur entre eux, jamais elle n'avait arrêté sa pensée sur le charme qu'il devait y avoir dans une telle intimité; et voilà que tout à coup, à l'improviste, elle croit apercevoir tous les symptômes de l'amour dans la voix, la parole, les yeux et le geste de Gérard ; et voilà que tout à coup elle trouve en son propre cœur l'écho de ces symptômes.

La peur, un effroi insurmontable, la saisissent, car elle sent qu'elle n'a de secours à recevoir de personne, et se voit isolée en face d'un danger qu'elle n'a pas prévu.

Cependant, avec cette puissance que les femmes savent prendre sur elles-mêmes dans les circonstances les plus critiques, Julie, la première, surmonte son émotion par un effort prodigieux ; elle assure sa voix qu'elle sentait tremblante en son gosier, et affecte une sorte de gaieté peureuse et presque railleuse.

— Vraiment, monsieur de Stolberg, vous mettez une telle chaleur dans vos conseils, vous paraissez si profondément convaincu des dangers dont vous accusez le monde d'être rempli, qu'il ne tiendrait qu'à moi de me croire en un péril imminent ; mais je vois moins en noir que vous, et je suis plus confiante en l'avenir. Vous-même affectez, j'en suis sûre, un désillusionnement impossible à votre âge.

— Plaise à Dieu, madame, qu'un désillusionnement semblable ne vous fasse payer bien cher ses tristes vérités !

— Eh bien, répondit en souriant la marquise de Lucheux, jusqu'au jour de ce désillusionnement je veux jouir au moins de tous les avantages de mon aveuglement, et, pour le faire durer le plus longtemps possible, soyez assuré que je ne chercherai en aucune façon à sonder le fond des choses. Je glisserai légèrement, et peut-être arriverai-je au port, ne connaissant que la belle surface de cette mer que je n'aurais pas voulu croire trompeuse.

Gérard regarda la jeune femme d'un regard de tristesse, de pitié et d'amour, qui lui rendirent tout son trouble; la conversation ne fut point reprise, et le silence devint de plus en plus embarrassant, car le regard profond et fixe de Gérard ne quitta plus la courageuse incrédule, et dans ce regard se révélait tout un amour muet encore, mais impossible à méconnaître, et difficile à contenir désormais. Madame de Lucheux se sentait tremblante et agitée sous l'impression magnétique de la fixité des prunelles de Gérard; elle avait beau baisser les yeux, les détourner, les fermer même, elle voyait toujours ceux qui ne la quittaient pas une minute, et semblaient moins l'interroger qu'être doués de la faculté de lire presque au fond de ses plus secrètes pensées.

Enfin la voiture s'arrêta sous le péristyle de l'hôtel de Lucheux. Le marquis, réveillé par la cessation du mouvement qui l'avait bercé, se hâta de descendre. Gérard offrit son bras à la marquise, et tous deux se trouvèrent bientôt au salon, assis auprès d'une grande table chargée de livres et d'albums, tandis que le marquis de Lucheux, dans sa chambre, changeait quelque chose à son costume, pour se rendre ensuite à la séance des bibliophiles, qui, ce soir-là, devaient s'occuper du moyen de rendre la publication des livres plus difficile et moins nombreuse, dans l'intérêt des amateurs de raretés.

Le silence régnait au salon; ni Julie ni Gérard ne savaient comment le rompre, et à tous deux il semblait embarrassant; tous deux feuilletaient, sans les examiner, les livres étalés à leurs yeux. Un observateur eût pu croire, en les voyant ainsi, que leur embarras provenait de la difficulté d'exprimer la pensée qui voltigeait sur leurs lèvres; et cet observateur se serait trompé, leur embarras était causé par la difficulté, qu'ils croyaient insurmontable, de parler sans rien dire ou pour dire des riens.

Gérard, dans son habileté, crut avoir fait cette découverte; il se redressa d'un air presque fier, et demanda à la marquise de Lucheux si les albums qu'il feuilletait étaient les siens.

Question stupide et d'une niaiserie admirable, car ils étaient brodés de son chiffre!

— Oui, répondit-elle avec effort; l'un contient des dessins, l'autre, celui que vous ouvrez en ce moment, est le dépositaire de mes préférences littéraires.

Gérard parcourut ce dernier album.

— Vous seriez bien aimable, continua la marquise heureuse d'avoir trouvé un sujet de conversation, vous seriez très-aimable de vouloir bien m'aider à remplir les pages encore blanches; vous faites, je le sais, de charmantes nouvelles; la duchesse de Chalux me le disait encore avant-hier.

— Moi! madame, je fais des nouvelles? Et Gérard s'arrêta, ne sachant que répondre.

— Oui, vous, monsieur de Stolberg; et je sollicite de votre complaisance quelques pages de prose sur mon album.

— Je vous obéirai, madame; mais j'ai bien peur que mon obéissance ne vous fasse perdre l'opinion favorable qu'a pu donner de moi l'indulgente bienveillance de la duchesse de Chaulux.

La marquise allait probablement répondre par quelqu'une de ces phrases si moelleusement chattes, dont les femmes savent admirablement bercer l'amour-propre des hommes, quand son mari revint son chapeau à la main, et annonçant, par l'arrangement de toute sa personne, qu'il s'apprêtait à sortir.

— Vous sortez? lui demanda la marquise d'un air d'inquiétude; car pour la première fois elle eut peur du long tête-à-tête que préparait cette sortie.

— Oui, ma bonne amie, répondit l'amateur d'autographes; n'est-ce pas ce soir l'assemblée des bibliophiles? vous savez si je puis me dispenser d'y assister; mais je vous laisse M. de Stolberg; faites de la musique, lisez, dessinez; vous êtes bien heureux de n'être point surchargés d'occupations. Et le marquis se sentit grandir d'une importance immense en laissant échapper de sa poitrine un soupir admirablement modulé. Puis, s'approchant de Julie, il se baissa vers son fauteuil et l'embrassa sur le front, avant que cette pauvre femme eût eu le temps de prévoir cet adieu, qui la fit rougir d'une pudeur inconnue.

Trouble.

> Mais pour que le mystère s'accomplisse,
> il faut des pleurs, des pleurs :
> HENRI BLAZE. (*Le Souper chez le Commandeur.*)

VII.

La voiture qui emportait le marquis de Lucheux vers la réunion des bibliophiles avait cessé depuis dix minutes de faire entendre le bruit de ses roues; aucune parole n'avait été échangée pendant tout ce laps de temps entre Julie et Gérard. Un silence solennel, que troublaient seuls le mouvement cadencé d'une grande pendule et le bruit de deux respirations inquiètes et oppressées, imprimait à cette soirée l'importance décisive qui la rendait comme la préface de quelque grave événement. Chacun des deux acteurs muets de cette scène était verti, par les violents battements de son cœur, de la puissance et de la force du nouveau sentiment qui s'y faisait jour, qui s'y établissait en dominateur, après avoir rompu les mystérieuses entraves qui l'enchaînaient. Julie de Maulaincourt, immobile, les yeux baissés, rouge de honte, se sentait comme humiliée d'avoir subi devant Gérard de Stolberg cette preuve banale de froide possession que son mari avait imprimée sur son front. Elle comprit en ce moment l'amertume de son mariage sans amour, sans douce affection, dépouillé de sympathies, et de tout ce qui, dans le ciel, est compté comme preuve et garant de l'union indissoluble de deux créatures. Elle comprit encore, et la pauvre jeune femme se sentit trembler, comme accablée par la culpabilité d'un crime, que toute cette honte, toute cette révolte morale de son être, ce frisson glacial éprouvé à l'approche des lèvres de son mari, étaient causés par la présence de Gérard; elle se reprocha presque la nécessité de sa passiveté, comme une infidélité commise envers un amour, non-seulement inavoué, mais qu'elle soupçonna pour la première fois.

Une de ces saintes pudeurs qui ne peuvent être analysées, trésor précieux d'innocence et de jeunesse, baissait ses longues paupières, et voilait de larmes sa prunelle, noyée dans son orbite; madame de Lucheux aurait voulu fuir, et n'osait quitter sa place; aussi, vaincue par son émotion et sa honte, par l'amour qu'elle sentait déjà si puissant à sa naissance, se tenait-elle douloureusement abattue : toute sa vie venait d'être bouleversée.

Et cette honte, ce trouble, cette angoisse, venaient lui froisser le cœur, parce que, pour la première fois depuis son mariage, elle se trouvait en face d'une des mille difficultés, d'un des mille combats qu'il devait lui créer; parce que jusque-là, ignorante d'elle-même et de son cœur, elle avait subi son mari, elle s'était soumise à ses droits avec la passive obéissance d'une enfant subjuguée par la puissance du mot. Son mari avait été pour elle, jusqu'à ce jour, une sorte de délégation de la puissance paternelle; mais le voile venait de tomber; une puissance nouvelle, plus grande, se révélait à son âme. Julie, en découvrant son amour pour Gérard, se crut souillée à ses yeux du baiser de son mari; elle en eut horreur.

Puis il lui sembla aussi que ce baiser lui enlevait aux yeux de Gérard une partie de sa chasteté, qu'il révélait des mystères d'hyménée dont elle se souvint avec dégoût, qu'il devait dire à l'homme devant lequel elle aurait voulu se voiler, plus que devant tous les autres : Cette femme que tu viens de voir marquer au front du signe de la possession, est l'esclave de ma couche, la complice de la vulgarité de mes joies.

Alors elle commença à détester le marquis, alors elle le vit avec tous ses ridicules, tout son âge, tout son égoïsme; et, sa pensée se reportant par une sorte d'instinctif mouvement sur elle-même, elle aperçut toutes les chaînes du malheur qui la liaient; elle eut peur et se mit à pleurer des larmes silencieuses qui brûlèrent ses yeux sans soulager son cœur.

Gérard avait vu, avait entendu le baiser du marquis de Lucheux; puis ses yeux s'étaient fermés, son esprit s'était perdu; il n'avait plus rien vu, plus rien entendu; ce baiser seul était demeuré présent à sa pensée, une immense et féroce jalousie avait formulé en son cœur son amour timide. Il le sentait avec une plénitude sans nom, avec une amertume profonde; il aimait une femme possédée par un autre; et, la jalousie grandissant tout d'un coup avec son amour, il haïssait M. de Lucheux d'une de ces haines qui font tout au moins désirer la mort de celui que l'on hait.

Il avait vu l'objet de son culte, de son idolâtrie; sa religion de jeune homme, celle qu'il priait en secret sans oser, pour ainsi dire, se la nommer à lui-même, qu'il adorait de loin comme une madone, il l'avait vue atteinte d'une caresse familière et révélatrice d'intimités odieuses. Ce qu'il éprouva en cet instant ne peut être décrit, car c'était une torture, une douleur paroxysme de souffrance qui n'a plus d'expression ni de vie, et qui se résume en un long cri de l'âme ; enfin une de ces douleurs imprévues dont on voit les plus fortes organisations demeurer brisées.

Ainsi, ce fut par la souffrance que l'amour de Julie et de Gérard se dévoila, qu'il prit un nom dans leur pensée ; ce fut, pour ainsi dire, une torture qui lui tint lieu d'aveu. Les progrès de cette passion furent immenses et soudains ; dès son origine, elle se développa tout entière.

Le marquis de Lucheux, par l'inopportune manifestation de sa froide tendresse, donna une expression, un langage, une forme, une espérance à leur amour ; la révélation de ses droits de mari, mise au grand jour, les anéantit à tout jamais. Dès ce moment, il n'eut plus de femme, et perdit un ami.

Cependant la marquise de Lucheux et Gérard de Stolberg n'échangèrent pas une parole ; leurs regards ne se rencontrèrent même pas ; tous deux éprouvaient de la honte et de la douleur, tous deux tremblaient en présence l'un de l'autre. Leur immobilité, causée par l'abattement de la surprise, fut longue et horriblement pénible; mais Gérard, le premier, retrouvant une force désespérée, se leva par un mouvement d'une énergie factice, repoussa la table qui lui barrait le passage, et partit, cherchant, par de vaines aspirations, à rendre à sa poitrine brûlante l'air dont elle manquait. Il se sentait fou, fou à ne plus comprendre sa souffrance, à ne plus voir où se dirigeaient ses pas, à briser comme un frêle obstacle tout ce qui eût tenté de l'arrêter. Une seule exclamation s'échappa de ses lèvres ardemment serrées, exclamation sans nom, qui dut le déchirer bien profondément. Il partit, et son regard ne tomba pas sur Julie, ne lui laissa rien de ses pensées; consolation puissante qu'elle attendait peut-être en ce dernier instant, qu'elle espérait peut-être pour toute sa douleur.

Aussi longtemps que le bruit des pas de Gérard se fit entendre dans l'hôtel de Lucheux, Julie resta immobile, comme enchaînée sur le fauteuil où elle était assise; mais quand la porte cochère, en retombant de tout le bruit de son lourd battant, eut mis comme une barrière entre elle et Gérard, Julie se leva de sa place; et, pendant quelques instants, l'oreille collée contre les vitres d'une fenêtre, elle chercha vainement à reconnaître, parmi les mille bruits qui venaient de la rue, un bruit de pas qui désormais devait être pour elle le précurseur d'une joie, d'un bonheur immense; puis, n'entendant plus rien, elle se prit à pleurer.

Ses larmes coulèrent bien amères pendant cette longue soirée; des réflexions poignantes l'assaillirent; quelques heures de première amertume vieillirent son cœur en expérience. Elle regarda en avant et en arrière dans sa vie, et ce regard la déshérita d'illusions précieusement conservées jusque-là. Le mariage qu'on lui avait fait contracter lui apparut dans toute la hideur de son égoïsme; elle ne crut plus à l'amour de ses parents, elle méprisa les froids calculs de M. de Lucheux, et toute sa pitié se reportant sur elle-même, elle se considéra comme affranchie des devoirs d'une reconnaissance qui ne pouvait exister. Dans d'autres instants, sa pensée se reportait sur Gérard, et, par un effet naturel de la passion, elle le douait des qualités qui manquaient à tous ceux dont elle répudiait en cette soirée la fausse tendresse. Aux mouvements tumultueux de son sein, à ce profond dégoût éprouvé de tout le passé, elle sentait qu'elle aimait, et ne doutait pas de l'amour de Gérard à sa fuite, à son trouble, à ces longs silences pendant lesquels il l'avait si fixement regardée.

Après ces premiers débordements de douleur et de joie, après ces premières exaltations d'un cœur qui pour la première fois se révèle à lui-même, quelque instinct secret, avertissement de sa jeune innocence, lui fit entrevoir les dangers de sa position. Elle se plut à se les exagérer, pour s'exagérer aussi les forces avec lesquelles elle espérait combattre, non-seulement l'amour de Gérard, mais encore celui qu'elle éprouvait; il lui sembla qu'il serait beau et noble à une jeune femme abandonnée, de lutter victorieusement dans cette arène, d'où les passions vous laissent rarement sortir vainqueur. Enfin, par une admirable naïveté, elle crut poser une barrière infranchissable à toutes les séductions de cet amour, en le condamnant à se plier aux formes, au langage et à la retenue d'une amitié complétement fraternelle.

Une fois cette idée arrêtée dans la vive imagination de Julie de Maulaincourt, elle la para, l'embellit des grâces et du charme qu'elle devrait avoir, s'il était possible de la réaliser. Ses larmes alors s'arrêtèrent, une sorte de douce rêverie les sécha peu à peu; elle se complut à scruter l'avenir de sa nouvelle vie, ainsi embellie, ainsi fortifiée par la sainte parenté d'adoption, qu'elle considéra comme une consolation, un secours du ciel. Fille unique du baron de Maulaincourt, son enfance s'était trouvée privée de ces douces affections paternelles, que son âme tendre et son cœur aimant avaient toujours désirées. Elle croyait maintenant les avoir trouvées ; tout son malheur s'effaça de sa mémoire ; elle oublia qu'elle était femme du marquis de Lucheux, pour ne penser qu'à la consolante perspective de cette fraternité ; gracieuse et impossible création de son ignorante pureté ; les heures s'écoulèrent pour Julie de Maulaincourt dans ce bonheur de fantastiques illusions : elle entendit sonner minuit, et vaincue par le sommeil de la fatigue et celui de ses rêveries, elle se coucha impatiente de retrouver dans le silence absolu d'un repos complet la suite du roman qu'elle venait de construire. Mais, semblable à un enfant placé en son berceau, et consolé d'un chagrin qui lui a causé de nombreuse larmes, par une caresse de sa mère, à peine sa tête s'était-elle posée sur les mousselines de son oreiller, que Julie s'endormit, le sourire sur les lèvres, et murmurant des prières où se mêlait le nom de son frère.

Ce sommeil fut-il long ? un songe prolongea-t-il le bonheur de sa pensée ? Hélas ! pauvre jeune femme, ces quelques heures de délicieuses déceptions furent placées comme une halte fraîche et ombragée, entre ta vie de jeune fille et les tribulations de ta vie de femme mariée, de ta vie de femme du monde; ces quelques heures durent rester en ta mémoire comme un souvenir; unique mélange de bonheur d'enfant et de bonheur de femme.

Vers une heure et demie, le marquis de Lucheux revint de sa longue séance de la société des bibliophiles, le bruit de sa voiture réveilla Julie; alors tous ces songes riants disparurent, elle se souvint qu'elle avait un mari; entendant le bruit de ses pas se diriger vers la chambre où elle reposait, une sorte de frisson la saisit; un gémissement, qui ressemblait à un cri, s'échappa de sa poitrine; un instant elle se souleva sur son coude, oppressée par une vive douleur; puis, par un mouvement plus prompt que la pensée, elle s'élança vers la porte, poussa un verrou, et, se rejetant fiévreuse sur son lit, elle dit d'une voix entrecoupée: « Non, je ne l'aime pas comme un « frère, ô mon Dieu! »

Une première lettre.

C'en est fait, et faut qu'à ceste heure
Navré jusques au cœur je meure,
Si secouru ne suis de toi.
   Remi Belleau.

VIII.

Gérard revint chez lui dans un état d'abattement difficile à décrire; ce qu'il sentait, ce qu'il éprouvait, ne peut être défini; il passa toute sa nuit dans une agitation violente, cherchant vainement à ressaisir sa pensée, qu'il lui était impossible de fixer; l'épuisement, les fatigues, tant morales que physiques, l'accablèrent vers le matin, au point de le plonger dans une sorte de demi-sommeil nerveux qui dura plusieurs heures; quand il revint à lui, ses souvenirs se présentèrent confus et embarrassés à son esprit; une fièvre ardente l'avait saisi ; il voulut se lever, et ne put se tenir debout ; tout ce qui l'entourait s'agitait à ses yeux dans une véritable confusion ; le moindre bruit le faisait tressaillir, et lui occasionnait un ébranlement qu'il ne pouvait supporter.

Ainsi anéanti par la force de son malaise, il se laissa retomber sur son lit, et passa de longues heures, agitant, dans l'exaltation de la fièvre, tous les incidents de la soirée de la veille.

Aimer une femme possédée par un autre homme, user les plus purs sentiments de son cœur dans l'amour de celle que des autres bras étreignaient de leurs étreintes amoureuses, révoltait sa délicatesse. Cependant, comment ne point aimer Julie, comment résister à tout cet amour qu'il éprouvait pour elle ?

Une autre question s'offrait encore à son esprit : Julie l'aimait-elle ? et cette question cent fois posée, Gérard la résolvait affirmativement, car il avait pour garant de l'amour de Julie son trouble, ses longs silences, sa rougeur quand le baiser du marquis de Lucheux vint s'imprimer sur son front, et cette voix secrète du cœur qui avertit presque toujours les amants de la réciprocité du sentiment qu'ils éprouvent. — Oui, pensait-il, oui, elle m'aime ; oui, elle ressent tout ce que j'éprouve ;

mais voudra-t-elle consentir à me laisser lire en son âme, comme je lui demanderai de lire en la mienne? voudra-t-elle consentir à me dire : Gérard, je vous aime, comme je lui dirais : Julie, mon ange adoré, je n'aime que vous?

Et si elle y consent..... oh! alors, joie ineffable, je lui donnerai en jours de bonheur toutes les journées de son avenir ; je serai pour elle cette protection contre le monde, qui lui manque, je serai l'ange gardien de toute sa vie.

Quel immense et magnifique chaos renferme la tête de l'homme envahi par la grande, la première passion de sa jeunesse; tout s'y heurte, tout s'y confond, le bonheur et le malheur, la joie et les chagrins, l'espoir et l'incertitude. Tantôt c'est une confiance sans bornes en une heureuse destinée ; tantôt une prévoyance misérable d'obstacles et d'impossibilités, qui peut-être ne se présenteront jamais.

Ces idées, ces inquiétudes, ces agitations, augmentèrent la fièvre de Gérard; pendant huit jours il se trouva trop faible pour pouvoir quitter son lit; pendant huit jours il passa vingt fois de l'espérance au désespoir, du désespoir à un état d'atonie presque complet. Plus il tentait de se révolter contre le mal qui le retenait loin de l'hôtel de Luchcux, plus il augmentait son irritation, et retardait le moment craint et désiré qui devait le remettre en présence de Julie de Maulaincourt.

Puis il venait à penser à cet amour du monde qu'elle lui avait manifesté, à la légèreté de ses impressions, dont il s'établissait juge. Huit jours entiers sans la voir, huit jours entiers d'isolement, lui semblaient huit siècles, qui avaient dû verser l'oubli sur les vives, mais passagères impressions de la jeune femme. Peut-être aussi aura-t-elle cherché dans le secours d'une force étrangère, dans le refuge de ses croyances religieuses, un abri contre l'amour de Gérard? Peut-être la retrouvera-t-il froide et oublieuse du passé? Enfin, Gérard, dont l'amour n'a pas une promesse, un aveu, qui l'encouragent; Gérard, au premier début de sa passion, est jaloux de mille jalousies folles, nées de son exaltation et de sa jeunesse. Il s'irrite des droits du marquis et de leur puissance. Il s'irrite de cet hôtel, qui l'enferme avec Julie; Julie, marquée de son nom, revêtue de son sceau, comme sa proie, sa conquête, sa possession.

Le huitième jour après la promenade du bois de Boulogne, la fièvre quitta Gérard; alors il se sentit plus faible et plus abattu que pendant les longues heures où ses accès l'avaient soutenu. Il n'y eut plus à cet instant aucune énergie dans son âme; seul, il n'eut pas honte de pleurer, il ne se plaignit plus, il ne fut plus jaloux; il ne restait pas assez de force en lui pour ces sentiments, qui demandent de l'énergie. Placé dans un grand fauteuil, devant sa fenêtre ouverte, il restait immobile sous les premiers rayons d'un soleil de printemps : le regard fixe, la tête légèrement inclinée, il ne voyait, n'entendait ni ne réfléchissait; mais il se laissait entraîner à cette douce et pénible mélancolie, véritable maladie de l'intelligence, sous les atteintes de laquelle on reste comme paralysé.

Le printemps et l'automne, ces deux saisons de transition, qui sont un mélange de regrets et d'espérances, semblent inviter l'âme à ces tristesses apathiques ou inquiètes, à ces sanglots quelquefois sans cause qui débordent d'un cœur heureux ou malheureux. La nature malade, la nature convalescente, a comme des larmes ou des sourires encore empreints de douleurs qui font pleurer vos sympathies. Pendant l'automne et le printemps, le malheureux comprend mieux le suicide ou l'espérance.

Quant à Gérard, il ne comprenait rien, il n'espérait pas; il souffrait, personne n'était venu savoir de ses nouvelles pendant sa maladie. La solitude la plus complète l'avait entouré;

aucun de ses parents n'habitait Paris, et depuis quelque temps, il avait négligé ses amis.

Faut-il le dire, on se fait bien écrire, à Paris, chez quelques malades importants ; un domestique témoigne en ces occasions des inquiétudes de son maître, par sa présence journalière chez le concierge de l'illustre ou de l'important malade ; mais un jeune homme isolé peut être malade une année entière, le monde aura l'air de l'apprendre le jour de son entière guérison.

Gérard n'était ni un homme à rechercher pour sa position de fortune, ni pour son entourage de parenté ; ce n'était non plus un mari enviable que ces mères, perpétuellement en quête d'époux pour leurs filles, désirent faire tomber dans leurs filets toujours tendus. Gérard n'était pour le monde qu'une de ces malheureuses unités, sans appui, sans entourage, supportées si elles possèdent quelque talent prisé par la société qui les entoure, toujours prêtes à être repoussées par quelque mot méprisant ou dédaigneux le jour où leur mode vient à passer.

Depuis huit heures du matin jusque vers midi, le fauteuil dans lequel Gérard immobile semblait comme absorbé par de douloureuses réflexions n'avait pas changé de place ; aucun mouvement, aucun bruit ne s'était fait entendre.

Le soleil se jouait en teintes brillantes sur tous les angles qui brisaient ses rayons ; quelques mouches, et un ou deux papillons, voltigeaient, et bourdonnaient sur les fleurs dont une petite *jardinière* d'un bois noueux et contourné se trouvait remplie; la vie et le bonheur semblaient reluire en toutes choses ; l'immobilité et la tristesse de Gérard, seules parmi ces concerts de renaissance, glaçaient cet ensemble joyeux, comme la pierre d'une tombe glace et fane les belles fleurs qui la tiennent enfermée sous les feuilles de leurs tiges, sous l'entrelacement de leurs élégantes spirales.

Enfin, le tintement aigu de la sonnette vivement agitée vint troubler cette harmonie de silence et de solitude. La porte fut ouverte, un domestique remit à Gérard un album et une lettre ; cette lettre le fit tressaillir d'une joie et d'une espérance que, seuls, connaissent ceux qui, en leur vie, ont véritablement aimé. Il avait reconnu l'écriture de madame de Lucheux ; il lui fallut quelques instants avant de se remettre du trouble que la vue de ce premier billet d'une femme si ardemment aimée, jeta en toute sa personne ; à peine pouvait-il en croire ses yeux : il lui venait au cœur une volupté si suave et si pure en lisant son nom écrit de la main de Julie, en songeant qu'il avait occupé la pensée de cette jeune femme, que pendant quelques instants elle avait voulu causer avec lui, qu'en un mot elle lui avait écrit.

Par une de ces puissances de sensations, apanage des hommes jeunes, il pressa vivement le billet de madame de Lucheux entre ses mains, encore moites de la fièvre, heureux comme s'il eût pressé sur son cœur la main de celle qui l'avait écrit. Le sang reflua précipitamment vers ses joues pâlies; les pulsations de ses artères semblèrent vouloir briser leur frêle enveloppe, la vie surabonda en tout son être.

Celui-là seul a connu le bonheur, qui a senti des joies inconnues s'emparer de son âme à la réception de la première lettre d'une femme aimée; celui-là seul a connu le bonheur et en était digne, qui s'est senti plus ému de quelques lignes indifférentes tracées pour lui par une main chérie, que de toutes les coquetteries des femmes les plus belles et les plus brillantes.

Celui-là seul enfin a connu le bonheur, qui aurait volontiers donné sa vie pour ces quelques lignes.

Il se rencontre telles circonstances dans la vie où la lettre la plus indifférente d'une femme est pour ainsi dire un commencement d'aveu, et ce premier aveu, *inavoué*, s'il est possible de s'exprimer ainsi, est le plus pur, le plus admirable, le plus délicieux de tous les amours; il est une date qui reste en la mémoire, un doux écho du passé, une sorte de sanctification d'innocence du cœur, quelque chose qui parle toujours en nous, et nous rappelle même, au milieu des orages qui peuvent survenir, ce printemps de notre passion, dont le parfum ne saurait s'évanouir. La femme dont la première lettre a soulevé de si puissantes émotions, ne peut jamais être effacée du cœur dans lequel son amour est entré, elle demeure comme la religion terrestre de celui sur lequel elle a versé toutes les suavités de son amour.

Quel tremblement vous saisit à la rupture de ce cachet posé pour tous, et qui garde sa devise pour un seul! combien est amoureusement baisé ce pain à cacheter encore humide de l'humidité d'autres lèvres, et les plis du papier froissés par des doigts que vous n'avez jamais pressés, et le papier lui-même, qui semble conserver la pression de la main qui s'y est appuyée!

Bonheurs sans noms, bonheurs immenses! Gérard vous goûta tous, vous perçut tous en un instant; Gérard s'enivra de votre volupté avant de lire la lettre de la marquise de Lucheux.

Cette lettre était ainsi conçue :

« Peut-être suis-je bien indiscrète, monsieur,
« en vous rappelant une promesse accordée à
« ma curieuse importunité. Mon album pos-
« sède encore quelques pages blanches ; elles
« se recommandent à vous. Ce sera une vraie
« bonne fortune pour mon petit livre que le
« souvenir que vous voudrez bien lui accorder.

« Recevez, je vous prie, monsieur, avec mes
« excuses pour mon importunité, mille com-
« pliments distingués.

« Julie de Lucheux. »

« M. de Lucheux craint que vous ne soyez
« malade, monsieur, et me charge, ne vous
« voyant pas depuis huit jours, de savoir si
« quelque indisposition vous empêche en effet
« de sortir. »

A la lecture de cette lettre, une joie ineffable s'empara de Gérard ; il la relut plusieurs fois, commentant chaque mot, les interprétant, cherchant à leur découvrir un sens caché, interrogeant l'importance de chaque phrase. Bien vite il comprit que le *post-srciptum* de cette lettre en était la partie la plus importante ; et dans son enthousiasme d'amant, et d'amant à son début, il admira la naïve délicatesse de l'inquiétude féminine qui l'avait dicté.

M. de Lucheux, pensa-t-il, ne m'aurait pas

témoigné un intérêt aussi plein de bonne grâce; car, il s'est aperçu de mon absence, il la déplore seulement à cause de son insipide travail sur ses richesses autographiques. Mais Julie, Julie a compris ma douleur en sentant s'imprimer sur son front le baiser de son mari; Julie a eu pitié de toutes mes angoisses; elle a deviné mes souffrances; et c'est elle, elle seule, qui, inquiète de mon absence prolongée, a imaginé l'inquiétude de M. de Lucheux. Oh! bénie soit-elle mille fois pour cette pitié qui me rend la vie, pour ce baume versé sur ma blessure. Et Gérard, dans son bonheur, oubliait de répondre, quand le domestique, qui attendait, lui demanda, comme une chose tout ordinaire, s'il n'avait pas de réponse à faire.

Gérard regarda ce domestique d'un air profondément étonné. Jusque-là il n'avait point réfléchi qu'il lui était permis de répondre, qu'il y était comme forcé, que cette nouvelle intimité lui était accordée. Il n'avait pas compris tout ce que la marquise de Lucheux lui envoyait de félicités en lui écrivant. Peut-être la marquise elle-même ne l'avait-elle pas compris, car sans doute elle eût reculé, elle pauvre et innocente jeune femme, devant ce premier pas décisif, devant cette avance, qui semblait ouvrir un vaste champ aux espérances de l'amour.

Gérard n'avait donc rien deviné de tous ces bonheurs; l'interrogation du domestique les lui révéla. Il ouvrit son écritoire, s'établit devant une petite feuille de papier, mince, satinée, toute parfumée comme un présent destiné à quelque souverain d'Asie, et ce ne fut pas sans un léger tremblement, sans une vive agitation, qu'il put achever sa réponse.

« Je vous remercie, madame, de votre aima-
« ble intérêt. Une indisposition douloureuse
« m'a empêché de me rendre chez M. de Lu-
« cheux; mais depuis ce matin, je suis beau-
« coup mieux, et j'espère pouvoir vous rap-
« porter moi-même, ces jours-ci, votre album,
« non pas plus riche, mais plus plein. Je vous
« demande d'avance pardon pour ma mauvaise
« prose, trop honorée de l'asile que vous lui
« accordez.

« Recevez de nouveau, madame, avec l'ex-
« pression de ma profonde gratitude, mes
« hommages les plus respectueux.

« Gérard de Stolberg. »

Ce billet fut cacheté et remis au domestique; puis tout rentra de nouveau, chez Gérard, dans le silence le plus complet. Mais ce silence n'était plus l'indice d'une solitude malheureuse, tourmentée, pleine d'angoisses. Loin de là, ce silence était le repos d'une satisfaction intime si grande, si inattendue, qu'elle ne trouvait pas d'expression pour accuser sa joie. L'homme tout entier se recueillait pour écouter les délicieux concerts de bonheur qui bruissaient en lui.

Un album.

> Cent mille fois je ressalue
> Vostre belle et douce venue.
> Ronsard.

IX.

Le lendemain de ce jour mémorable dans la vie de Gérard, toute inquiétude avait disparu; il se leva de bonne heure, et, prenant l'album de madame de Lucheux, il se mit à le parcourir; un immense intérêt s'attachait pour lui à cette lecture.

L'album d'une femme est comme l'histoire morale de son existence : ses impressions, ses opinions, ses croyances, ses passions, s'y trouvent notées, indiquées par le choix des morceaux de prose ou de poésie dont elle a voulu garder un souvenir particulier. L'album d'une femme est un témoin presque irrécusable, qui dépose de ses agitations, de ses joies, de l'état de son âme; aussi lui est-ce une grave imprudence que cette permission, accordée quelquefois sans réflexion, de parcourir les mystérieuses dépositions des influences de sa vie.

Une jeune femme qui permet à un homme la lecture de son album de jeune fille, de son album de femme mariée, donne tous ses secrets de défense, enseigne toutes les possibilités d'attaque; elle admet cet homme aux plus complètes confidences de l'intimité, et livre, avec le moment présent, toutes les années passées.

Être admis à la lecture de l'album d'une femme est souvent une faveur très-importante dont tout homme sait profiter; d'autres fois ce n'est qu'un piége de coquetterie; car quelques habiles comédiennes possèdent différentes sortes d'album, suivant le rôle qu'elles veulent jouer. Mais Julie de Maulaincourt, à son début dans le monde, n'était point cette comédienne; l'album qu'elle envoyait à Gérard était le recueil de ses impressions de jeune fille, de ses inquiétudes de femme.

Elle avait choisi dans ses lectures tout ce qui lui avait paru se rapporter aux situations dans lequelles elle se trouvait, et l'avait inscrit. On pouvait encore lire sur cet album quelques adieux de jeunes pensionnaires, quelques rêveries de couvent emportées de cet asile de l'enfance, comme un pieux souvenir. Les poésies de nos poëtes modernes y abondaient surtout, et dénotaient dans la femme qui les avait choisis un besoin d'exaltation inquiète, une rêveuse agitation, une imagination facile à émouvoir, qui charmèrent Gérard.

Ce qui fit battre son cœur d'une émotion pleine de charme, ce fut la certitude qu'il acquit, en lisant les signatures de chaque page, que nul homme avant lui n'avait été admis à s'inscrire dans ce mémorial de l'amitié; que nul homme n'y avait hasardé avant lui un regard profane; les textes mêmes qu'il avait sous les yeux lui indiquaient, d'une manière claire et impossible à méconnaître, que le marquis de Lucheux était demeuré étranger à ces épanchements secrets des pensées les plus secrètes de sa femme. Passée ainsi tout à coup de la réserve d'une liaison ordinaire à cette confiance indiscrètement naïve, à cette familiarité morale de l'affection la plus dangereuse, cette transition apportait à l'amour de Gérard un aveu de réciprocité dont il se trouva comme enivré.

Julie remplaçait ce premier et pudique confident de sa jeune âme, cet amant immatériel, auquel elle racontait ce qu'elle n'eût osé raconter ni confier à personne, cet amant, premier et froid besoin d'un cœur qui devait tôt ou tard en éprouver de plus puissants, de plus réels, par un amant que sa pudeur endormie ne lui révélait point dans toute la puissance de sa force, dans tout le despotisme d'une domination à laquelle elle ne réfléchissait pas.

Un album est la préface d'un amant. Julie l'ignorait, et Gérard venait de l'apprendre.

Longtemps après avoir fini la lecture de cet album révélateur, il tint sa tête enfermée et pressée entre ses mains, cherchant en son esprit comment il pourrait obéir à la demande de madame de Lucheux, quelle page il pourrait coudre à ces souvenirs, à ces rêveries, qui ne les déparât en leur servant d'épilogue. Il craignait tour à tour, soit de trop parler, soit de demeurer trop indifférent. Enfin, après plus d'une heure passée en ces débats et ces incertitudes, Gérard prit une plume, et la fit courir rapidement sur le blanc vélin de l'album. Sous ses doigts rapides, les lignes succédaient aux lignes avec une telle promptitude, qu'on eût dit, à le voir ainsi s'avancer intrépidement dans son œuvre, qu'il copiait seulement ce qu'une voix cachée lui dictait.

Julie avait sollicité de Gérard la composition d'une nouvelle, d'un petit roman, destiné à elle seule, et Gérard obéissait à l'expression de cette volonté. La nouvelle qu'il inscrivait sur l'album de la jeune femme n'était autre chose que la narration de ses espoirs et de ses craintes, depuis le jour où il l'aperçut pour la première fois au bal de la comtesse de Blacourt; il racontait sous des noms supposés, en changeant et le temps et les lieux, sa vie passée, ses peines, ses tristesses et son amour présent, consolateur de tout ce passé. Il jetait en Espagne la scène dont il n'osait avouer le véritable lieu; il donnait des noms historiques pour des noms qu'il savait devoir être devinés; et, plus hardi sous toutes ces transformations il laissait parler à son amour le langage peu dissimulé d'une passion impatiente d'aveux.

Il disait toute sa vie absorbée en une seule idée, ses jalousies, ses craintes; puis arrivait, toujours racontant le roman d'un autre amour, à mettre son prétendu héros, aussi timide, aussi embarrassé que lui, dans la nécessité d'une déclaration que vingt fois il avait rêvée pendant les heures de ses espérances les plus hardies. Mais, après cette déclaration, après cet aveu, Gérard interrompit sa nouvelle. Son domestique vint lui annoncer M. le comte de Jumiéges, un de ses amis du monde qu'il avait négligé depuis plus de trois mois.

Le comte de Jumiéges était un de ces hommes qui, jeunes encore, ont si profondément creusé le sillon de la vie, qu'ils ont épuisé pour leur propre compte toutes les sensations et les jouissances qu'elle leur réservait. Désillusionnés avant le temps où la perte des illusions, avertissement de la perte de l'existence, est regardée comme un bienfait qui détruit une partie de l'amertume de la mort, ils ont besoin, par une activité continuelle de corps et d'esprit, d'user les facultés qu'ils ne peuvent plus employer à tuer la faible partie de leur âme qui a survécu au désillusionnement, ne la rapetissant aux mesquines exigences des coteries et des bavardages du grand monde. En eux il ne reste plus rien du naturel primitif. Complétement insensibles aux espérances qui font battre le cœur des autres hommes, leur seule jouissance est de dessécher, par la révélation de leur science funeste, les quelques imaginations riantes et vierges encore qu'ils rencontrent sur les sentiers du monde ; comme un subtil poison, ils s'interposent entre toutes les affections, soit pour les éclairer, comme ils le prétendent, soit plutôt par un reste d'envie qu'ils ne peuvent surmonter, pour les flétrir, ainsi que les leurs et toutes les jouissances dont elles étaient accompagnées, et leur vie entière, se sont trouvées flétries.

L'affectation de leur prétendue philosophie est le stoïcisme ; rien ne paraît les surprendre. Une sorte de froid mépris prête un sourire glacé à leurs lèvres ; ils se révoltent contre toute émotion. Le *monde* n'a point de secrets pour eux ; ils pénètrent partout, devinent ou apprennent tout, et ne respectent aucune affection, quelque vraie, quelque profonde qu'elle puisse être.

Ces gens-là sont des athées sociaux.

Nul ne peut échapper à leur désespérante inquisition. Il semblerait qu'un merveilleux instinct de divination les avertisse des amours encore ensevelis dans le fond des cœurs ; car au premier indice qui trahit un amour, ils se trouvent présents, et leur patronage, qu'ils imposent de force, est une de ces amères tristesses que les affections véritables sont obligées de supporter comme une des épines de leur couronne de martyr.

Le comte de Jumiéges passait pour un homme à bonnes fortunes ; il avait de l'esprit, et chacun le citait pour l'élégance de ses manières. Le luxe de son entourage, la verve satirique de ses discours, le faisaient craindre; mais profondément instruit des moyens de se créer une influence sur toutes les coteries du grand monde, en les caressant et les frappant tour à tour, en flattant et alimentant leurs penchants de médisance, et les sacrifiant les unes aux autres, le comte de Jumiéges avait su se maintenir dans la position très-considérée d'homme recherché, d'homme à la mode, d'homme de parfaitement bonne compagnie.

Jamais son amitié pour Gérard ne s'était révélée par des témoignages bien apparents. Leurs rencontres avaient eu lieu dans le monde, et seulement une fois par hiver leurs cartes s'échangeaient. Cependant le comte de Jumiéges, s'il venait à parler de Gérard, le désignait toujours comme un de ses amis : expression banale, qui, traduite en langage vulgaire, voudrait à peine dire une simple connaissance. Cette visite du comte était une énigme pour Gérard de Stolberg. Il ne pouvait deviner quel intérêt, quel but ou quel motif la lui avait attirée, quand il pensait être tombé depuis trois mois dans un profond oubli; quand il espérait, tout entier à la passion qui l'avait envahi, pouvoir se faire oublier d'un monde qu'il devinait en ennemi.

Malheureusement Gérard ignorait que la société est un farouche despote, à la manière de ceux de l'Orient, qui jamais ne lâchent leur proie ou leur esclave, et font toujours sentir leur pouvoir absolu par quelque tourment ou quelque douleur.

Gérard avait voulu rompre sa chaîne; le comte de Jumiéges venait la rattacher.

Inquisition.

Un baiser, Judas ! un baiser !
LE COMTE ALF. DE VIGNY. (*La maréchale d'Ancre.*)

X.

— Parbleu, mon cher, dit le comte de Jumiéges après les premières politesses d'usage, il faut absolument venir vous relancer dans votre retraite si l'on veut apercevoir votre visage; depuis trois mois nous ne savions où vous vous étiez enterré, mais on ne vous voit plus nulle part.

— Je suis malade, répondit Gérard.

— Malade, diable! répliqua M. de Jumiéges; c'était donc une première sortie de convalescent que vous entrepreniez il y a dix jours, sous les auspices de la comtesse de Lucheux ?

Gérard sentit ses joues enflammées se couvrir d'un pourpre foncé; cependant il ne répondit rien.

— Allons, allons, il ne faut pas rougir, preux chevalier; votre conquête vous fait honneur. Quel autographe avez-vous donné au noble marquis pour le dédommager du vol que vous lui méditez, car vous en êtes encore, je n'en fais nul doute, à toutes les langueurs, à tous les martyrs du *patito* ?

Gérard essaya de sourire, et voulut prêter à sa physionomie une apparence de gaieté indifférente, au moyen de laquelle il espérait dérouter les soupçons du comte de Jumiéges. Mais celui-ci ne s'y laissa pas prendre, non plus qu'aux paroles qu'il accompagnait.

— Vous êtes dans une erreur complète, mon cher comte, je n'ai pas conclu ce marché avec M. de Lucheux ; il me faudrait un aussi habile diplomate que vous l'êtes pour le décider à un tel échange. Je ne suis pas même un *patito*.

— Vous êtes discret, c'est très-bien, mon Amadis des bords du Rhin ; c'est donc un conte fait à plaisir que cette lettre du savetier Simon, que le marquis montre avec admiration comme un présent de votre amitié. Vous plaît-il que je le croie, je le croirai, foi de gentilhomme. Je jurerais même que ce joli album de velours vert, sur lequel se dessine ce J et cette M, ne peut appartenir à la marquise de Lucheux ; car ces deux lettres ne sont point surmontées de la couronne de marquis. Et le comte de Jumiéges désignait, en parlant ainsi, l'album de cette jeune femme, que Gérard avait reçu la veille.

Surpris comme en flagrant délit, Gérard balbutia, essaya une explication à laquelle il ne put jamais parvenir, et finit par s'embrouiller tellement, qu'il ne savait plus ni ce qu'il disait ni ce qu'il voulait dire. Le comte de Jumiéges l'écoutait avec un sang-froid railleur, et paraissait éprouver une sorte de jouissance en contemplant le *décontenancement* du pauvre amoureux. Enfin, quand il eut bien joui de son embarras, il se composa un maintien plus grave, prit un air de commisération chaleureuse et amicale, et laissa tomber une à une les paroles suivantes, assez semblablement aux oracles des sibylles.

— Écoutez-moi, Gérard ; je suis venu par amitié pour vous, par véritable intérêt, comme un vieux marin vers un jeune matelot qui s'embarque. Je ne vous demande ni confidences ni confiance ; gardez tous vos secrets.

Gérard allait répondre : Je n'en ai point ; par un geste négatif, le comte de Jumiéges lui ferma la bouche, et continua :

— Gardez donc vos secrets; mais permettez un conseil, fruit bien cher de mon expérience; souffrez-moi les prétentions d'un Mentor envers vous ; ces prétentions sont enfantées par ma franche amitié.

Gérard lui tendit la main. Le comte eut l'air d'être touché de ce témoignage muet, et prit un ton tout à fait paternel pour continuer son discours.

— Vous avez agi, et vous agissez comme un enfant; vous vous perdez, je viens vous sauver.

Cette fois Gérard interrompit M. de Jumiéges par un : Je me perds! exclamation d'incrédulité que ce dernier semblait attendre.

— Oui, vous vous perdez, en vous plaçant en hostilités contre la société qui vous a reçu.

— Mais cela n'est pas possible, monsieur, dit Gérard; je n'ai froissé aucun de ses usages, aucune de ses convenances, et depuis trois mois je vis solitaire, sans aucun rapport avec elle.

— Et voilà justement le mal, voilà justement votre déclaration de guerre, mon jeune ami, vous vous êtes retiré du monde ; mais pensez-vous que le monde n'ait point recherché la cause de votre retraite, de votre sauvagerie ; détrompez-vous, vous avez piqué sa curiosité et vous êtes devenu l'aliment de mille bavardages, de mille conjectures. Vos visites journalières à l'hôtel de Lucheux ont été bien vite connues. Le puissant secours de votre instruction que vous avez prêté à la nullité du brave marquis, a été révélé par lui ; l'on a su que vous faisiez de la musique avec la romanesque Julie, que vous l'accompagniez dans ses promenades, qu'enfin vous étiez tombé fort amoureusement dans ses fers. Que toutes ces histoires soient ou non inventées, elles ont cours dans le monde, elles y trouvent crédit ; vous avez été aperçu, il y a dix jours, presque tête à tête avec madame de Lucheux dans sa calèche ; car le roi des autographistes dormait, et nous savons qu'il a le sommeil dur ; cette circonstance a confirmé tous les soupçons, les a établis sur le pied de vérités, et maintenant le monde vous en veut ; le monde a accepté votre déclaration de guerre, et vous la rendra.

— Je ne comprends pas, répliqua vivement Gérard, quelle guerre j'ai pu déclarer, par quelle injure j'ai suscité la société contre moi, et par quelle raison elle me rendrait une déclaration de guerre que je n'ai nulle envie de lui faire; admettons même que je reconnusse pour vraies toutes les suppositions qu'il lui a plu d'ériger en faits incontestables.

— Vous ne comprenez pas, mon cher Gérard, les motifs qui peuvent exciter contre vous un mécontentement social dans le monde parisien. Eh bien! je vais vous les expliquer, car véritablement votre ignorance peut vous être nuisible, et je vous porte un intérêt qu'il ne doit plus vous être permis de méconnaître. Je ne vous ai demandé aucune confidence, j'ai respecté votre discrétion, je n'ai point cherché à pénétrer vos secrets; souffrez seulement que je raisonne avec vous, dans l'hypothèse où toutes les suppositions que je vous ai présentées seraient fondées.

Le comte de Jumiéges s'interrompit un instant, et se recueillit, comme épiant un signe d'assentiment que Gérard ne fit pas attendre.

— Nous admettons donc pour un moment, reprit M. de Jumiéges, que vous aimez madame de Lucheux, non d'un amour ordinaire, mais d'un amour ardent, exalté, plein de passion; enfin d'un de ces amours que vous, heureux habitants des bords du Rhin, connaissez encore et cultivez germaniquement, mais que nous autres, sceptiques de France, classons parmi les hautes curiosités d'un autre âge, interdites à notre époque civilisée. La question ainsi posée, il s'agit d'en tirer les conséquences.

Vous aimez madame de Lucheux, vous en êtes jaloux; vous le deviendrez encore plus à mesure que la jeune femme grandira en coquetterie; vous voudrez vous cloîtrer en votre bonheur comme en une citadelle; vous multiplierez autour de vous deux les ouvrages de défense, les redoutes, les bastions, les demi-lunes, et autres inventions conservatrices; enfin vous serez parfaitement jaloux, donc parfaitement ennuyeux, passez-moi le terme.

Puisque nous avons admis votre amour, vous admettrez, j'espère, sans difficultés, ces premières conséquences, que je viens d'exposer; vous me l'accorderez encore, n'est-ce pas?

Gérard, presque animé par cette bouffonne énumération, répondit qu'il se garderait bien de contredire un si habile argumentateur.

Le comte, toujours avec son merveilleux sang-froid, reprit aussitôt : — Vous êtes amoureux, vous êtes jaloux, vous vous classez parmi les parfaitement ennuyeux. Maintenant quel parti voulez-vous que la société tire de vous, je vous le demande? et non-seulement je vous fais cette question, mais encore je vous prie de me dire comment vous entendez qu'elle prenne le vol manifeste que vous lui faites d'une jeune femme, qui doit lui revenir tôt ou tard, il est vrai...

Gérard ne put, à ces mots, réprimer une émotion vive.

— Oui, mon cher, qui doit lui revenir tôt ou tard; nous traiterons cette autre question tout à l'heure.

Je vois bien que le monde vous est totalement inconnu; je vais lever un petit coin du rideau qui vous le cache, et vous dévoiler ce qu'il est nécessaire que vous en connaissiez pour vos affaires présentes.

L'amour, qui n'a que de la coquetterie et des sens, est un amour toléré dans le monde, non-seulement toléré, disons mieux, apprécié; il n'a rien d'égoïste, ne songe nullement au bonheur pastoral ou romantique; il sert à répandre sur la société une influence de joyeuse gaieté et d'honnête dévergondage, parties nécessaires de ce que l'on nomme le bon goût inimitable de la bonne compagnie.

Tout homme qui se permet d'afficher des prétentions exclusives à la possession d'une femme, fût-il son mari, est considéré comme un ennemi déclaré du pacte social. Considérez qu'amant ou mari, il fait de la femme qu'il aime une propriété close, privée, interdite à tous, pour laquelle il ne reconnaît pas les droits de bon voisinage; il distrait de la masse commune une unité qu'il affecte à son égoïsme particulier; il s'établit un privilége pour lui seul, il détruit toute possibilité de coquetterie, et tue le roman au profit de la misérable chronique bourgeoise.

Si tout le monde en agissait ainsi, jugez ce que deviendrait la société. Donc la société a raison, s'appuyant sur le grand principe d'utilité publique, de déclarer la guerre aux amants et aux maris égoïstes.

Gérard, stupéfait, regardait M. de Jumiéges, ne sachant s'il plaisantait, ou si l'amas de sophismes révoltants qu'il venait d'entasser était le réel produit de sa pensée.

M. de Jumiéges, sans rien perdre de sa gravité imperturbable, s'arrêta un instant, ayant terminé ce premier point de son discours; puis, après une courte pause que nulle parole n'interrompit, il reprit ses arguments et ses raisonnements interrompus.

— Je viens d'établir, mon jeune ami, les droits qu'a la société de veiller à sa propre conservation, droits qui reposent sur la ligue naturelle de la partie saine de cette société contre les égoïstes; et je pense avoir démontré ces droits et leur justice en faisant passer sous vos yeux les insupportables prétentions de l'égoïsme marital et de l'égoïsme illégitime. Ceci est maintenant un point hors de toute discussion, et prouve les motifs que peut avoir la société de vous déclarer la guerre.

Madame de Lucheux est entrée dans le monde avec ce qui devait lui amener des succès incontestables, possédant toutes les chances du bonheur. Madame de Lucheux est jeune, ne manque pas d'esprit ni de coquetterie.

Gérard se crut obligé de nier la coquetterie de madame de Lucheux.

— Vous ne voulez pas qu'elle soit coquette, répliqua aussitôt le comte de Jumiéges. Soit, elle ne l'est pas; mais elle a ce qui assure à notre expérience qu'elle le deviendra, c'est-à-dire du goût pour le monde et un mari laid et ennuyeux. Julie de Maulaincourt, en épousant le marquis de Lucheux, se trouvait comme engagée vis-à-vis de la société, débutante en coquetterie. Nous nous apprêtions à siffler ou à applaudir.

Vous arrivez avec vos prétentions égoïstes; vous formulez votre amour en bail emphytéotique, et vous pensez faire admettre, dans un monde qui ne sait ce que c'est qu'une passion, votre passion, dont ses usages, ses mœurs, ses plaisirs, se trouvent blessés. Aimez madame de Lucheux, cela vous est permis ; mais aimez-la comme nous aimons tous, au mois, à l'hiver même, si vous voulez : pas de bail, surtout pas de bail emphytéotique. Votre constance allemande compromettrait cette jeune femme. Une passion, fi donc! il y a dans ce mot *passion* de quoi décrier la femme la mieux établie dans la bonne compagnie; une passion, c'est une chose irréparable. Des intrigues, à la bonne heure; chacun peut espérer voir arriver son tour, et personne ne songe à les blâmer.

— Mais, objecta Gérard, pouvant à peine en croire ses oreilles, ce que vous me proposez est infâme; si je m'exposais à compromettre madame de Lucheux, c'est qu'alors je l'aimerais de toutes les puissances de mon âme, et je lui rendrais en dévouement ce que je pourrais lui faire perdre du côté de l'opinion publique. Si j'aimais madame de Lucheux et qu'elle m'aimât, je voudrais que notre amour fût une indissoluble union, excusable par sa vérité et sa constance mêmes, tandis qu'une intrigue la perdrait sans excuse. Une intrigue, mais c'est la corruption, le vice, calculés.

— Pour un philosophe, vous raisonnez sans doute fort bien, mon cher Gérard ; mais ici, il n'est question ni de philosophie ni de morale, répondit le comte de Jumiéges; rappelez-vous qu'il est question du monde, et ne l'oubliez plus. Tentez une intrigue ; si vous réussissez, comme je n'en doute pas, cette intrigue vous fera honneur; seulement ne vous y endormez pas trop longtemps. Devenez homme à bonnes fortunes. Les Werther ne sont supportables qu'à la lecture ; le monde les évite, les traque ainsi qu'un chien enragé ; tandis qu'il choie, fête et caresse les Lovelace et les don Juan.

Est-il rien de plus fade et de plus ennuyeux que cette perpétuité de deux mêmes noms accolés ensemble, une seule histoire quand il pouvait y en avoir vingt. La bigamie est un cas plus que pendable, et vous ne tendez à rien moins qu'à faire contracter un second mariage à Julie de Maulaincourt. Mettez-vous bien dans la tête que je suis, moi, député de l'opinion généralement reçue; dans le vrai relatif, et vous dans le faux relatif.

— Et si j'aimais mieux une guerre déclarée contre votre bonne compagnie, dont les maximes me sont odieuses? fut-il articulé par Gérard, non sans une vive émotion.

— Libre à vous, quoique cependant je ne vous le conseille pas dans votre propre intérêt. Vous ignorez encore avec quelle habileté la bonne compagnie saurait détacher de votre amour la femme qui en serait l'objet. Faites la guerre bravement, vaillamment, vous ne pouvez être vainqueur, un seul homme contre une armée; chaque buisson du champ de bataille accrochera un lambeau de votre honneur, de votre réputation; vos adversaires vous laisseront vos armes, mais ils vous flétriront sur les deux épaules; ils vous marqueront au front, ils vous convaincront de toutes les iniquités dont leur riche imagination leur fournira la nomenclature. Puis, ainsi dégradé, ils vous placeront en face de votre ange bien-aimé; et cet ange aura honte de vous et vous reniera.

— Monsieur de Jumiéges, mon cher comte, il n'est pas possible que vous parliez sérieusement, car une telle tactique serait infâme.

— Tant que vous voudrez, mon cher Gérard. Les sociétés se défendent par tous les moyens, et n'ont jamais tort.

Salus populi, suprema lex esto.

N'êtes-vous pas content qu'il vous soit permis de compromettre une femme du monde, faut-il que vous la compromettiez en vous perdant sans profit? Madame de Lucheux a bien assez d'un mari, soyez le premier de ses amants, très-bien; le monde l'attend comme une coquette agréable; formez-la, il vous en saura gré; surtout pas de jalousie, surtout pas de passion; réfléchissez mûrement à ce que je viens de vous dire; je me sens de l'attachement pour vous, et je serais fâché que vous vous perdissiez.

Prenez garde à ce charmant album vert; jouez serré; les beaux fermoirs dorés que voici couvrent un piége. Ne restez point enfermé, montrez-vous. Adieu, ne vous jetez pas à la rivière avec la coquette marquise au cou en guise de pierre.

Le comte de Jumiéges sortit enfin, convaincu de l'amour de Julie et de Gérard, devinant le secret de l'album, ayant jeté du trouble dans cette passion naissante, et c'était tout ce qu'il voulait, tout ce qu'il était venu chercher. Il emportait de quoi alimenter de médisance les causeries des salons pendant une semaine au moins.

Gérard fit à peine attention à la sortie du comte de Jumiéges; son âme était troublée, son esprit bouleversé; il ne continua pas ce jour-là la nouvelle qu'il avait commencée sur l'album vert aux fermoirs dorés.

Timidité.

Et mon cœur, qui souloit estre maistre de soi,
Est serf de mille maux et regrets qui m'ennuyent.
                    JOACHIM DUBELLAY.

XI.

De toute cette conversation du comte de Jumiéges, une seule chose demeura dans l'esprit de Gérard; ni l'opinion du monde, ni cette guerre déclarée, dont il se trouvait menacé, ne l'inquiétèrent; mais il souffrait en songeant aux prédictions de cette coquetterie prévue pour Julie; vainement voulut-il en affranchir sa pensée, vainement voulut-il trouver en son cœur quelques motifs pour n'y pas croire. Il ne put réussir; ses craintes jalouses, ses inquiétudes d'amant corroboraient d'une nouvelle puissance les paroles inquiétantes du comte. Il pouvait bien braver pour lui et les séductions et les attaques de la société ; il se résignait volontiers à subir toutes les conséquences du bonheur qu'il espérait ; mais Julie, Julie, jeune femme isolée, craintive, pourrait-elle, avec son amour du monde, résister à ses embûches, décevantes séductions ? et si elle ne sait y résister, que lui restera-t-il à lui, dont l'amour de Julie aura été la vie, que deviendra cet amour ?

Gérard eut comme un pressentiment, comme un avertissement instinctif de la perte de ses illusions, de sa poésie, de ses saintes croyances de jeune homme. Il comprit que la passion impérieuse dont son cœur était la proie lui annonçait une de ces transformations, la venue d'une de ces époques ; changement moral de saison dans la vie d'un homme. Qu'il lui faudrait dépouiller la robe de l'adolescent pour revêtir la toge virile ; que sa jeunesse enfin allait être murée, et que les soins et les peines de sa vie réelle se révéleraient à lui dans un avenir peu éloigné.

Son cœur, malade des craintes de l'espérance, le devint des pressentiments dont la conversation de M. de Jumiéges l'avait agité. Gérard fut deux jours sans rouvrir l'album de madame de Lucheux, et quand, après ces deux journées de combat et de trouble, il pressa de nouveau les fermoirs dorés de cet album, il lui sembla que des années s'étaient écoulées entre l'heure qui avait vu commencer sa nouvelle interrompue, et le moment où il voulut essayer de reprendre ses premières volontés, ses premières impressions pour la continuer. Vainement s'efforça-t-il d'ajouter un mot à cette narration voilée, de tout son passé, il ne put y réussir, trop de choses étaient venues s'interposer entre la pensée de la veille et celle du jour présent ; trop d'angoisses avaient froissé son premier et naïf enthousiasme, sa confiance; l'amour de Julie lui paraissait maintenant avoir perdu, non pas de son charme, mais de sa sûreté.

L'amour de Julie sera-t-il une sainte réalité, ou simplement, pour cette jeune femme comme pour tant d'autres, la première aventure d'une existence aventureuse ?

Après de vaines tentatives, après d'infructueuses méditations, l'album fut renfermé par Gérard pour n'être plus rouvert; il laissa inachevée cette nouvelle sur laquelle avait reposé tant d'espoir; puis, s'armant d'un courage dont il puisa le principe dans une sorte de désespoir nerveux, il sortit, dirigeant ses pas vers l'hôtel de la marquise de Lucheux. Il lui rapportait son album, dans lequel il avait consigné, à la vérité, l'amour qu'il éprouvait, dans lequel elle pouvait en lire la vive expression, à peine voilée. Mais, après la déclaration de cet amour, il n'avait rien ajouté, il n'avait essayé la prévision d'aucune réponse. Le roman se trouvait clos par une interruption, effet du hasard, qu'aucune science humaine n'aurait pu mieux calculer.

Quelque chose, comme de l'embarras ou de l'inquiétude, le saisit tout à coup quand il se trouva près de l'hôtel où se dirigeaient ses pas. Une hésitation involontaire lui fit retarder l'entrevue qu'il venait chercher; il allongea le peu de chemin qui lui restait à faire, par un détour que rien ne justifiait. Violemment ému, Gérard sentit son sang monter à flots précipités vers sa tête, et les battements de son cœur révéler, par leurs mouvements inégaux, l'état de son âme.

Jamais un criminel, prêt à paraître devant son juge; jamais un candidat, concourant pour un grand prix d'où dépend sa réputation, n'éprouvèrent, au moment du jugement, une inquiétude et une agitation plus vives. Trois fois le marteau de la porte de l'hôtel demeura suspendu et balancé entre les mains de Gérard. Enfin, opposant sa volonté physique à son incertitude morale, il le laissa retomber, et le bruit sourd qu'il produisit, fit tressaillir le jeune homme comme s'il n'y eût point été préparé, et que ce bruit fût celui d'une horloge sonnant son heure terrible sur le cadran du destin.

La porte s'ouvrit; il n'y eut plus pour Gérard moyen de reculer. Une seule espérance lui resta cependant encore.

Madame de Lucheux pouvait être sortie. Mais cet espoir lui fut ôté : le domestique qui vint à sa rencontre le précéda sans lui dire un mot, annonçant par cette invitation muette qu'il pouvait entrer.

Gérard parcourut les premières pièces de l'appartement de Julie, et l'émotion qu'il éprouva annonçait en lui un affaiblissement semblable à celui d'un homme qui se sentirait défaillir. Son nom, qu'il entendit prononcer à haute voix, le rappela à sa position présente; il venait d'être introduit dans le boudoir de madame de Lucheux. Le moment était venu, tout allait se décider.

Ce boudoir, sorte de pièce intermédiaire entre le salon et la chambre à coucher, retraite intime où peu de personnes étaient admises, s'ouvrait rarement aux visites du matin. Julie s'y tenait les jours interdits à toute visite. Personne n'y devait donc troubler ses travaux de femme ou ses méditations. Mais Gérard ne pouvait être considéré ainsi qu'un visiteur ordinaire. Les domestiques, habitués à ses visites journalières, pensèrent que nulle consigne n'existait pour lui, et c'est pourquoi ils l'avaient directement conduit vers cette retraite mystérieuse et sacrée.

Quand le domestique eut refermé la porte, et que Julie et Gérard se virent seuls en présence l'un de l'autre, ils comprirent tous deux la position délicate dans laquelle ils se trouvaient, et restèrent un moment interdits et silencieux ; tous deux avaient désiré cet instant, et tous deux, en le désirant, l'avaient craint également. Pendant cette espèce de trève, Gérard parcourut d'un coup d'œil le boudoir, et se sentit ému de la vie simple et occupée que les détails de son arrangement annonçaient : un piano ouvert, une petite bibliothèque, une table à dessin ; puis quelques ouvrages de couture, récemment abandonnés, étaient disposés de manière à certifier, à constater des journées, presque solitaires, et laborieusement employées.

Le jour pénétrait dans ce boudoir par une seule fenêtre, et ses rayons, avant de répandre leur lumière, se trouvaient arrêtés et brisés par de grandes touffes de fleurs et des arbrisseaux placés dans une élégante jardinière. Ces fleurs mêlaient à l'air de la chambre un doux et faible parfum ; des rideaux d'une soie épaisse, pareille à celle de la tenture, prêtaient encore leur obscurité à l'harmonie de couleurs de ce tableau, et lui imprimaient une teinte d'innocente et voluptueuse séduction, à laquelle il était difficile de se soustraire.

Quel homme est jamais entré sans émotion dans le boudoir d'une jeune femme ? Quel homme n'a senti son cœur battre en se trouvant dans ce sanctuaire des agitations, des espérances, des joies et des douleurs d'une jeune femme, surtout si dans le cœur de cet homme une pensée d'amour a déjà gravé sa brûlante empreinte ? Les murailles d'un boudoir et les murailles d'une prison savent seules se revêtir des secrets de joie ou de douleur de ceux qu'elles enferment ; seules aussi elles savent les conserver. Boudoir, ou prison, quel tombeau a jamais enterré autant de morts, espérances détruites ou désespoirs à jamais évanouis !

Le cœur de Gérard fut ébranlé des pensées qui le traversèrent, et, quand il reporta son attention sur madame de Lucheux, il ne put réprimer une expression douloureuse. Elle aussi avait vieilli moralement pendant les dix jours de leur séparation ; Gérard la trouva pâlie ; quelque chose de profondément malheureux déprimait ses lèvres, et les efforts qu'elle faisait pour paraître calme produisaient en sa personne un effet tout contraire ; le moindre de ses mouvements dénotait une faiblesse produite par l'abattement dans lequel l'âme se trouvait plongée, tout son corps, affaissé dans un vaste fauteuil, y semblait cloué, non par l'effet d'une puissance de force impossible à surmonter, mais par l'abandonnement de toute puissance morale. Madame de Lucheux, ainsi comme privée de son énergie, se trouvait livrée sans défense, et prête aux aveux qu'il eût été facile de lui arracher.

Gérard en eut une profonde pitié, et ne voulut pas devoir le bonheur des premiers aveux à cette sorte de terreur sous le poids de laquelle elle succombait.

— Madame, lui dit-il en détournant les yeux pour conserver le peu de courage qui lui était venu, je vous rapporte votre album ; mais je crains d'avoir bien mal accompli vos désirs ; vous m'aviez demandé une nouvelle, et je dois avouer que ma tête se trouvait tellement pauvre d'imagination, qu'il m'a fallu renoncer à finir celle dont vous lirez le commencement sur les pages de votre livre.

Julie, un peu remise de son émotion par le ton calme de Gérard, trouva quelques paroles pour lui répondre, mais ce fut d'une voix si basse et si faible, que les mots s'entendirent à peine.

— Je crois, monsieur de Stolberg, que vous avez trop douté de vous en cette circonstance.

— Oui, madame, répondit Gérard, j'ai douté de moi.

Ici il s'arrêta quelques secondes, puis il continua plus faiblement :

— Mais j'ai douté de vous aussi.

A ces mots, madame de Lucheux tressaillit, comme si une secousse électrique fût venue la réveiller de son abattement.

— De moi! murmura-t-elle, de moi! Et cette répétition du même mot fut presque intérieure.

Les yeux de la jeune femme se levèrent fixés sur Gérard, avec une expression d'étonnement douloureux et interrogatif, qui le rendirent à son premier trouble.

— Oui, madame, de vous; j'ai craint d'avoir écrit une nouvelle sans intérêt, une nouvelle dont les détails, communs et vulgaires, n'exciteraient en vous aucune sympathie. Vous m'aviez donné une place dans le livre de vos souvenirs, et j'ai douté du talent que vous vouliez bien me supposer en songeant quelle tâche j'avais acceptée.

— Ainsi donc vous me livrez une œuvre incomplète, dit madame de Lucheux en tendant ses deux mains pour recevoir son album.

Mais Gérard ne le lui remit point, il se contenta de le déposer sur une table voisine, et reprit la parole, agité et presque tremblant.

— Pardonnez-moi, madame, mais de puissants motifs s'opposaient à ce que je pusse, avant de vous avoir revue, terminer le pauvre petit roman que je vous apporte. Aujourd'hui vous seule pouvez décider s'il mérite ou non d'occuper plus longtemps votre attention. Lisez-le avec indulgence; puis jugez d'après l'intérêt qu'il vous aura inspiré, quel sort doit lui être réservé.

— Veuillez, je vous prie, me donner cet album, et je vous promets un juge intègre, un censeur tout préparé à se montrer sévère; et la jeune femme, dans son ignorante confiance, se prit à sourire en amenant sur les traits de son visage un air de gravité enjouée.

— Non, madame, non; pas en cet instant, plus tard, quand vous serez seule; après ces mots que suivirent une courte pause, il ajouta :

— Vous n'ignorez pas qu'un juge ne peut délibérer ni juger que sur pièces, et loin des inculpés.

— Si telles sont, en effet, les lois de la justice, nous nous y soumettrons, répondit la marquise, étonnée de l'agitation de Gérard. Puis, changeant subitement le sujet de la conversation:

— Vous avez été souffrant, monsieur de Stolberg? dit-elle; M. de Lucheux voulait aller savoir ce qui nous privait de vous voir; car nous étions réellement fort inquiets; mais il a été forcé de s'absenter pour quelques jours, et il espère vous trouver rétabli à son retour. Comment vous trouvez-vous aujourd'hui?

Madame de Lucheux était enfin parvenue à prendre le ton le plus calme et le plus indifférent pour adresser cette longue phrase à Gérard, et ce fut précisément cette affectation de calme et d'indifférence qui faillit la perdre. Gérard ne s'était point préparé à cette brusque transition, à cette froideur si dégagée de toute affection; son cœur en fut déchiré; de grosses larmes vinrent errer sur ses paupières, qu'il leva d'un air de reproche vers madame de Lucheux, et ce qu'il répondit, comme une plainte amère, la frappa dans son courage et sa fermeté, qui disparurent.

— J'ai été souffrant, il est vrai; mais le corps était peu malade, et ce matin je me croyais mieux.

— Véritablement vous n'êtes pas bien, monsieur de Stolberg; votre visage est pâle, et vous tremblez comme si vous aviez encore la fièvre; je suis sûre que vous ne vous soignez pas du tout.

— Vous êtes mille fois trop bonne, madame, répondit Gérard. Pendant huit jours j'ai pris tous les soins imaginables de ma santé; mais j'ai dû me convaincre que le mal physique entrait pour bien peu de chose dans mes souffrances, et maintenant l'avenir seul peut être mon médecin.

— Avez-vous confiance en l'avenir? demanda la jeune femme.

— Confiance en l'avenir! Gérard s'arrêta après cette sorte d'exclamation; et quelques secondes après il continua d'un ton bas et résigné: — L'avenir peut tout, madame; s'il ne guérit la maladie, il guérit le malade.

La marquise de Lucheux, craignant de comprendre, et poussée par une violente émotion, leva vers lui ses deux yeux remplis de larmes. Un éclair de joie et de bonheur immenses traversa le cœur de Gérard; il crut être aimé. Et sa figure pâlit des espérances qui bouleversaient son âme.

— Il y a de l'égoïsme, murmura Julie, dans votre manière d'entrevoir l'avenir.

A cet instant s'agita dans leurs deux cœurs une de ces hésitations que l'on pleure souvent pendant le reste de sa vie. Julie tremblait d'être forcée de répondre; Gérard n'osait parler. L'aveu de leur amour semblait si près de leurs lèvres, que le moindre mouvement qui les eût ouvertes l'aurait vu s'échapper. L'expression de leurs yeux, dont le regard magnétiquement fixe n'avait plus aucun mouvement, semblait empreinte d'une anxiété que ni l'un ni l'autre n'osa interpréter complétement.

C'était un de ces moments où il suffit qu'un des deux tende ses mains pour que l'autre y laissât tomber la sienne, en disant avec des pleurs : Oui, je vous aime.

Cette hésitation dura cinq minutes. Enfin, la marquise de Lucheux, toujours fixant la figure pâlie de Gérard de son regard voilé, demanda, d'une voix basse et presque inintelligible :

— Mais qu'avez-vous, monsieur de Stolberg ?

Cette demande fit tressaillir le pauvre jeune homme, auquel elle était adressée; il se leva précipitamment, fit un pas comme s'il allait marcher, et répondit avec vivacité : — Ce que j'ai ? madame; ce que j'ai ? Pourquoi voulez-vous savoir le secret de mes misères, de mes souffrances? Croyez-vous qu'une stérile pitié soit un baume suffisant pour mes douleurs? Pensez-vous que tout ce que vous pourriez me dire ou m'objecter calmerait mon âme si mon âme est agitée? Oh non! non, madame! il me faut plus que de la pitié; il me faut plus que la simple commisération que vous pourriez m'accorder.

— L'amitié n'a-t-elle aucune puissance? n'y croyez-vous point? Et ces paroles, échappées de la poitrine haletante de Julie, témoignaient de la fascination sous laquelle elle se trouvait enchaînée.

— L'amitié, madame, l'amitié ne peut rien à ce que je souffre; d'ailleurs, qu'est-ce que l'amitié d'une femme? pardonnez-moi ma franchise. Mais l'amitié d'une femme est un sentiment bâtard, qui manque toujours d'action ou de volonté; c'est en elle une sensation secondaire. Que peut l'amitié d'une femme? rien. Oh! vous ne pouvez accorder d'amitié, madame; cette amitié se tournerait ou contre vous, ou contre moi.

Julie ne répondit rien, épouvantée de la violence toujours croissante de Gérard; elle croisa ses deux mains devant sa poitrine, et, semblable à Desdemona en présence d'Othello, elle murmura en elle-même:

Je ne vous ai rien fait, et cependant j'ai peur.

Gérard se rapprocha d'elle.

— Voulez-vous que je croie à votre amitié : eh bien ! quand je serai parti, prenez cet album, lisez ce que j'ai écrit sur ses pages ; consultez-vous, madame, sondez votre cœur ; oh ! sondez-le avec cette amitié que vous sembliez me promettre tout à l'heure, et, quand je reviendrai ce soir, je vous dirai les secrets de mon âme, ses douleurs, ses tortures ; et alors vous me répondrez si vous avez des consolations et des espérances à jeter en aumône à mes misères. Voulez-vous, consentez-vous à ce que je propose?

Un moment de silence suivit ces dernières paroles. Julie tenait sa tête appuyée et cachée entre ses deux mains. Ce moment de silence fut une horrible torture pour tous deux.

Madame de Lucheux releva seulement sa tête ; ses joues rouges, ses yeux et ses lèvres fiévreuses, disaient tout ce qui s'était passé en son âme. Un consentement sortit de sa bouche, sans qu'il eût été articulé par aucun mot. Alors Gérard de Stolberg remit l'album entre ses mains, et portant au hasard ses pas agités, que nulle volonté ne guidait, jusqu'au soir il fut errant, s'arrêtant seulement pour écouter le bruit des horloges, et compter leurs heures et jusqu'à leurs minutes.

Sa tête, pendant toute cette journée, fut un véritable chaos, où vinrent se heurter et se briser les idées les plus contraires. Gérard eut enfin une de ces journées de douleur et d'incertitude, dont se trouve largement payé le bonheur qu'elles précèdent quelquefois.

FIN DU TOME PREMIER.

TABLE

DU TOME PREMIER.

INTRODUCTION.		v
CHAPITRE Ier. Portrait.		31
— II. Un bal.		55
— III. Les autographes.		77
— IV. Une jeune femme.		103
— V. Amour.		119
— VI. Un pas en avant.		137
— VII. Trouble.		157
— VIII. Une première lettre.		169
— IX. Un album.		185
— X. Inquisition.		197
— XI. Timidité.		213

FIN DE LA TABLE DU TOME PREMIER.

www.ingramcontent.com/pod-product-compliance
Lightning Source LLC
Chambersburg PA
CBHW071952160426
43198CB00011B/1649